方强传奇

张汉林　著

苏州大学出版社

图书在版编目(CIP)数据

方强传奇/张汉林著.—苏州：苏州大学出版社，2011.10
ISBN 978-7-81137-817-7

Ⅰ.①方… Ⅱ.①张… Ⅲ.①方强(1910～1941)—传记 Ⅳ.①K825.2

中国版本图书馆 CIP 数据核字(2011)第 200711 号

方强传奇
张汉林 著
责任编辑 施 放

苏州大学出版社出版发行
(地址：苏州市十梓街 1 号 邮编：215006)
南通印刷总厂有限公司印装
(地址：南通市通州经济开发区朝霞路 180 号 邮编：226300)

开本 850 mm×1 168 mm 1/32 印张 6.25 插页 1 字数 162 千
2011 年 10 月第 1 版 2011 年 10 月第 1 次印刷
ISBN 978-7-81137-817-7 定价：15.00 元

苏州大学版图书若有印装错误，本社负责调换
苏州大学出版社营销部 电话：0512-65225020
苏州大学出版社网址 http://www.sudapress.com

袁文彬(方强)烈士摄于1937年

怀念安彬同志

毅俶 2010年6月

励精图治慰忠魂（代序）

王国平

未到方强镇工作时我就知道，方强烈士当年牺牲时，敬爱的周恩来总理和大文豪郭沫若都深感痛惜。到方强镇工作近两年，尤其是静心读完张汉林同志厚厚的一沓书稿后，我才全面了解了方强这个革命志士辉煌的生命历程。烈士的生命虽然短暂，却是厚重无比，他的慷慨就义曾经唤醒了千千万万的苏北盐阜儿女直面强敌，共赴国难，也激励着今天的方强人励精图治，奋发图强。

张汉林同志是镇纪委书记，到方强镇工作已有 10 年时间。2001 年，方强牺牲 60 周年、诞辰 100 周年之际，他接待了烈士的后代。此后，他做了有心人，与烈士的子女、亲属乃至战友一直保持着联系；工作之余，搜集了大量有关方强烈士的资料。从 2009 年 9 月至今，他利用业余时间，苦心孤诣写成了十多万字的《方强传奇》，该传记第一次反映了方强烈士鲜为人知而又充满传奇的一生。其实，这也是我们所有人对烈士的最好的祭奠，旨在让更多的人记住悲壮的往事，记住烈士，记住什么是信仰、什么是忠贞、什么是舍生取义和民族精神。今天我们一定要坚定信仰，忠诚于党，进一步解放思想，加快发展，把英雄的遗志作为转变干部作风、实践科学发展观的指路明灯，埋头苦干，奋勇向前。

方强，原名袁文彬，1901 年出生于上海市青浦县练塘镇，袁家和老一辈无产阶级革命家陈云故居仅一河之隔。五卅运动后，袁文彬毅然放弃上海同济大学的学业，考进了黄埔军校，并加入共青团组织。1926 年在北伐军总政治部，由邓颖超同志介绍加入中国共产党。1927 年四一二反革命政变后回到上海，以商务印书馆的翻译为掩护，为党工作。1937 年 8 月，他接受郭沫若委托，担任第三战区左翼第十五集团军司令部战地服务团团长、武汉卫戍区警备司令部政治工作大队副大队长。到达延安后，他被安排在中央马列学院编译部担任德文译员。1940 年春，他随周恩来到重庆八路军办事处，之后又随叶挺、袁国平到皖南新四军军部工作。这年冬天，他化名方强，来到苏北盐阜区参加开辟抗日根据地的工作，先后担任新四军盐城县二区民运队长、盐东行署主任、盐东县第一任县长。1941 年 10 月不幸被捕、遇难。他的好友、一代词人柳亚子先生沉痛地为他写下“云间鹤唳伤心极，酹酒终期泖水湄”的挽词。直到 20 世纪 80 年代初，经江秉钧等人数年考证，人们才知道，方强烈士就是郭沫若先生在其著作《洪波曲》中写到的亲密战友——袁文彬。

为了纪念革命烈士，上级党组织曾将方强生前战斗工作过的盐东县斗龙区命名为“方强区”。新中国成立后，更名为“方强公社”、“方强乡”、“方强镇”。近年来，我们又重新修建了方强烈士陵园及烈士纪念塔、烈士墓，使之成为爱国主义和革命传统教育基地。

方强镇是大丰市唯一一个以烈士姓名命名的镇。位于大丰市的西北端，西、北与盐城市亭湖区交界，总面积 82 平方公里，拥有 3.4 万人口，下辖 11 个行政村、1 个居委会和 2 个工业集中区。素有“教具之乡”、“棉花之乡”、“蔬菜之乡”、“农机具之乡”、“棉纺之乡”等美誉。方强镇南临神奇的斗龙港，北依旖旎的西潮河，距沿海高速公路出口处仅 8 公里，离盐城机场 10 公里，斗沙公路、沈方公路和 226 省道穿境而过。

三百多年前，方强镇还在浩瀚黄海的腹地之中，直到清朝初年后才渐次成陆。方强镇最初的居民以航运、捕捞和烧盐等为生，民国之后才开始大规模地种植棉花。年轻的方强镇经历了沧桑巨变。但是我觉得，因为年轻，所以朝气蓬勃；因为年轻，所以活力无限；因为年轻，这片土地才充满了希望——为此，方强镇把发展工业经济作为发展全镇经济的抓手，强抓招商引资，不断扩大工业经济规模，努力将方强镇打造成盐城市独具魅力的卫星镇。突出招商引资，努力在招引大项目和外资项目上求突破；突出中小企业园区建设，努力在项目入园和全民创业上求突破。以 226 省道改道、南北贯穿中小企业园区为契机，围绕做大、做精、做美特色园区，大力实施园区东扩工程，围绕机械、纺织、文具、包装材料等特色产业，积极招引项目入园；突出服务求发展，努力在培大育强和企业重组上求突破，积极培植规模企业；突出新农村建设，努力在集镇开发和重点工程上求突破；突出富民增收，努力在改善民生和社会稳定上求突破。大力发展设施农业和规模特色农业，着力培育农业加工龙头企业，带动农民增收致富，确保社会和谐稳定。

眼下，大投资，大开发，大发展，让方强镇涌动起新一轮发展浪潮。方强镇充满着商机，孕育着希望。已建成的工业集中区、中小企业园，为方强镇的工业发展奠定了坚实的基础，成为盐城经济开发区东侧令人炫目的亮点。

方强镇总让人真切地感受到一种来自历史的冲击，让人因先人顽强的生命力和坚韧不拔的意志而感到强烈的震撼。

我相信，不管是今天还是未来，方强人都会去思索和践行一个同样的命题：恪尽职守、竭尽己能，让这片浸润着烈士鲜血的热土，变成富庶的乐园，以告慰烈士的英灵！

（作者系江苏省大丰市方强镇党委书记）

序

徐城生

在盐城这块红色的热土，英烈方强一直为人们所景仰、传颂。这位革命先辈，来到盐阜抗日根据地战斗、生活仅仅一年时间，就为国家和民族的解放事业献出了自己的宝贵生命。他的革命精神和英勇形象，深深地铭记在老区人民的心中。

方强，原名袁文彬，是党的优秀革命战士和文化才子。早在大学读书时代，他就接受革命思想，组织、参加反帝爱国运动，成为学生领袖，并被上海党组织选派考入黄埔军校，从此投笔从戎。北伐战争时期，他担任北伐军总政治部宣传科副科长兼文工团团长，不久经邓颖超介绍，董必武、吴玉章批准加入中国共产党。全国抗战初期，他作为第三战区左翼第十五集团军司令部战地文化服务团团长、武汉卫戍区警备司令部政治工作大队副大队长，负责战地宣传服务工作。国民政府军委会政治部第三厅成立后，他又与五处处长胡愈之及曹荻秋、王鲁彦、宋云彬等一起从事抗日文化宣传。他还先后在上海商务印书馆编译所、延安中央马列学院编译部担任德文翻译，翻译出版了《战争》、《苏俄妇女与儿童》、《德国往哪里去》等书籍。他较长时期跟随周恩来、郭沫若转战南北，在他们的直接和间接领导下工作，并与他们结下了深厚的情谊。1940年，他从重庆八路军办事处到皖南新四军政治部工作，年底又受命来到苏北盐城担任新四军盐城县二区民运工作队队长、盐东行政公署主任、盐东县首任县长，翌年11月不幸被汉奸出卖壮烈牺牲。在他短短十几年血与火的生涯中，为党的革命文化事业和抗日根据地建设作出了不朽的贡献。

作为地方党史、军史的重要人物，长期以来对方强烈士的研究宣传不少，但比较简要、零散。在大丰从事基层党务工作的张汉林同志，十年前来到以烈士命名的方强镇工作时，就萌生了编写一部翔实的方强传记的心愿。经过多年筹划和精心准备，他于去年开始动笔写作，至今完成了这部十多万字的烈士文学传记。作者深入生活、走进历史，采访了众多知情老人和烈士生前战友、子女亲属，查阅了大量原始档案、报刊和研究介绍烈士的文章、书籍，并到烈士的家乡上海青浦区练塘镇、当年在同济大学读书及工作过的地方寻访旧迹、印记，搜集了有关烈士的各方面资料，包括与烈士交往的名人回忆录、自传、传记、书信、诗词及纪念文章，发掘了大量尘封多年的第一手珍贵资料，传记中许多新鲜史实都是首次公开披露。如北伐时期，方强到南昌迎接国民革命军总司令蒋介石到武昌参加武汉三镇光复庆祝大会，抗战时期从贵阳秘密接送周恩来的父亲和邓颖超的母亲到重庆等情况；还有从昆山撤退时他写给妻子的信及他不允许孩子买零食、从来不穿皮鞋等细节。作者在尊重历史事实、客观反映历史背景的基础上，运用文学手法描写人物、事件和环境，有血有肉，情景交融，较好地展现了历史原貌，读起来更加生动形象而又真实可信。特别是书中关于方强离家出发参加战地文化服务团，与妻子、孩子分别及烈士妻子到江边迎接烈士遗骸等场景的记述，情感真切，催人泪下。

我怀着崇敬的心情读完《方强传奇》一书，对方强革命烈士短暂而光辉、鲜为人知而充满传奇的一生，有了更深切、更全面的了解。这部书的出版，不仅填补了盐城党史、新四军军史人物研究的一项空白，成为革命老区红色文化发掘宣传的一个新成果，也为我们今天进行爱国主义和革命传统教育提供了一部好教材，无疑是件可喜可贺且很有意义的事。

2010年8月于盐城

（作者系盐城市委党史工作办公室、盐城市地方志工作办公室主任）

目录

楔　子

1941 年 11 月初，苏北黄海之滨已是深秋了。

一个月黑风高的夜晚。

呼啸的北风在毫无遮拦的平原上一阵紧似一阵刮着，草木萧瑟，仿佛波浪一样汹涌起伏。被风吹翻了羽毛的乌鸦，紧缩着脖子躲在树上的巢中，鸟巢随着枝叶摇摆而晃动。泛黄的树叶打着旋儿落在地上翻滚，钻进了草丛。

风，冷飕飕的，吹在身上已感到寒意袭人。

在盐阜区盐东县伍佑镇东郊龙王滩浅水边（今盐城市亭湖区伍佑中学内），有一片黑魆魆的荒野坟地。

黯淡的星光下，几间土墙茅屋静静地横陈在地广人稀的旷野上。茅屋里昏黄的灯光早已熄灭，劳累了一天的主人已沉沉地进入了梦乡。除了远处传来野狗和豹猫令人毛骨悚然的嚎叫声外，周围死一般寂静。龙王滩浅水湾里密匝匝的芦苇垂下淡紫色的花，在瑟瑟秋风中轻轻摇曳，芦叶互相摩擦，发出“咔嚓咔嚓”金属般的声音。藏在草丛里的秋虫有气无力地叫着：“冷啊，冷啊！”

黑沉沉的夜幕中突然传来冷酷的喝斥声、不屈的怒骂声和铁镣着地的当啷声。

秋露渐浓了，重重地打湿了狭长的野径上一片杂乱的茅草、蓬蒿和狗尾巴草。

唰、唰、唰，一双趿着草鞋、拖着沉重铁镣的脚陷在过膝深的荒草丛中，一瘸一跛，吃力地移动着。羊肠小道旁，锋利的湿漉漉的荆棘不住撩刷着他腿上撕裂的伤口和赤裸的双脚，他感到阵阵钻心般的刺痛。

“哗啦、哗啦”，铁镣声渐渐近了。一群黑影在羊肠小道上缓慢地移动，依稀可见一把把雪亮的刺刀在微弱的星光下隐现着点点寒光。

终于看清了，是一群荷枪实弹的日、伪军，押解着一个身穿血迹斑斑的旧灰布袍、手铐脚镣的中年人。他步履蹒跚，高高的鼻梁上戴着那副盐东百姓熟悉的圆边黑框眼镜，挺起不屈的脊梁，来到伍佑镇东荒郊滩子边一个叫龙王滩的浅水湾，在一座高大坟茔旁、早已挖好的黑洞洞的深坑前停了下来。

中年人昂首巍然屹立，他环顾沉睡的茫茫盐东大地，目光如炬，具有一股洞穿黑夜的力量。他心里默念着：永别了，我的盐东父老；永别了，我亲爱的战友！他横眉怒视着端着刺刀的凶恶的敌人，奋力振臂，大声高呼：“方强杀不尽！杀了一个方强，会有千千万万方强站起来！”“打倒日本帝国主义！”“中国共产党万岁！”敌人慌忙将他推入了深坑中……

响亮的口号声在茫茫夜空中、在盐东大地上久久回荡。

海风呜咽，海浪悲鸣。

被活埋的中年人便是时任新四军苏北盐阜区盐东县抗日民主政府第一任县长的方强(原名袁文彬)。

那一年,方强40岁。

嘀、嘀嘀嘀……

新四军发报员沉痛地按着键钮。

方强英勇就义的噩耗,随着无线电波越过茫茫平原、滔滔江河和巍巍高山,从苏北阜宁停翅港新四军军部,迅疾传送到了位于西南山城重庆的曾家岩八路军办事处。

周恩来看完电报,脸色凝重。他默默地走到窗前,打开窗户,一股凉风吹了进来。他紧抱双臂,面向遥远的东部黄海之滨的盐阜地区深情地眺望。他没有想到,袁文彬同志离开重庆和自己分别一年多就壮烈牺牲在抗日战场上。他为袁文彬英年早逝感到十分惋惜。

周恩来若有所思,眼眶里闪烁着晶莹的泪光。他痛心地长长叹息一声:袁文彬是个人才啊!

1943年5月31日,南社巨子、被文学大家郭沫若称为“今之诗圣”的革命老人柳亚子,从香港回国暂寓桂林,他得知好友袁文彬在苏北盐城壮烈牺牲的消息后,扼腕叹息,展开稿纸,沉痛地挥毫写下了《青浦袁文彬烈士挽词》:

> 余与烈士论交十余稔,不为翕翕然,同居沪上,过从不逾三次,皆有所商榷而来也。去岁从军苏北,为敌伪所杀。诗以追哭之:
>
> 痛史南明异代春,依然野哭细林辰。
> 一匡事业嗟余晚,三顾殷勤感汝频。
> 旧侣朱侯同血面,鬼雄陈夏有传薪。
> 云间鹤唳伤心极,酹酒终期泖水滨。

从1927年大革命失败,到1937年八一三淞沪抗战爆发,浪漫主义大诗人柳亚子与在上海商务印书馆编译所担任翻译的袁文彬交往十余年，两人感情深厚。袁文彬是文人才子，全国抗战爆发后，投笔从戎，血洒沙场。南明史专家柳亚子，由此联想到明末起兵抗清而牺牲的松江文学家陈子龙和夏允彝、夏完淳父子，即诗中的“陈夏”。诗人以松江文学家“陈夏”类比袁文彬。少年诗人夏完淳的恩师陈子龙曾寄迹青浦县南20里的松江“九峰”之一的细林山（旧名神山），陈子龙殉国后，夏完淳也为清军所俘，在押往南京途中经过细林山时，曾写下长诗《细林夜哭》：“细林山上夜乌啼，细林山下秋草齐……”悼念他的恩师严父。柳亚子由袁文彬又联想到大革命时期被国民党反动派杀害的松江共产党人朱季恂、侯绍裘烈士，即诗中的“朱侯”。他们都是古称“云间”的松江地区（青浦原属松江府）的民族精英。“泖水”即位于青浦区练塘镇境内的、元朝诗人段天佑笔下“谷水三百里，夜雨向东流”的泖湖。

方强烈士英勇就义22年后，敬爱的周总理对他——这位黄埔军校的优秀学生记忆犹新。

1963年初夏的一天。在首都北京，庄严的人民大会堂福建厅，周总理在认真听取了中国人民解放军空军政治部文化部人员赴越南访问的情况汇报后，袁文彬烈士生前战友、原上海战地文化服务团成员，时任空军政治部文化部副部长兼空军政治部文工团总团政委陆友走上前，陪送周总理去电梯，总理亲切地问他：

“老陆，听口音你是浙江人？”

“是的，总理，我生在南京，长在上海。”

“你是哪年离开上海出来参加工作的？”

“我是1937年跟随袁文彬同志一起出来的。”

“袁文彬，你是和袁文彬同志一起参加工作的？”

“是的。当年我们是在上海一起参加战地服务团的，他是团长。”

“啊！袁文彬，可惜，这个同志已经牺牲了……”

陆友十分敬佩周总理惊人的记忆力。

“他已离开我们二十多年了。”

陆友轻声回答，陪送总理进了电梯。

此时袁文彬已牺牲22年了。让陆友完全没有想到的是，日理万机的共和国总理心里还一直装着这个黄埔军校第四期的优秀学生——袁文彬烈士。

第一章　故乡青浦　人杰地灵

袁文彬家与陈云家仅隔着一条碧水悠悠的市河。袁文彬住河南，陈云居河北。

袁文彬、陈云与高尔松、高尔柏兄弟就从市河坐小船走向了上海，走向了全国。

时间：清朝光绪二十七年（1901 年）农历八月二十八日。

地点：江苏省青浦县练塘镇东北高家埭村袁家一间低矮的土墙茅屋里。

人物：我们的主人公袁文彬（字志远）——袁家的长子、袁家第二个孩子呱呱坠地。

袁文彬出生的时候，正是中国饱受内忧外患的时期。这给他幼小的心灵烙下了深深的印记，同时也注定了他与时代、与社会息息相关的命运。

袁文彬的家乡青浦县位于上海市西南郊，是一座历史文化名城。它东临闵行，北接嘉定，南毗松江、金山，西与江苏昆山、吴江和浙江嘉善为邻。青浦在 1958 年 11 月以前，还是江苏省的一个县，现已属上海市的一个区。

青浦古地名叫“云间”，历史悠久，人文荟萃。早在新石器时代，上海最早的先民就在这里劳动、生息、繁衍，留下了崧泽古文化遗址，把上海古文明推到了 6000 年前。青浦于明朝嘉靖二十一年（1542 年）建县，至今已有四百八十余年历史。它还是清朝上海小刀会发源地之一。在中国近代史上，青浦县名气很大。太平天国忠王李秀成，指挥东征太平军曾在青浦数次打败美国人华尔率领的以“常胜军”著称的洋枪队，在青浦近代史上写下了抗击外敌的辉煌一页，让“铁青浦”之名彪炳史册。

青浦名胜古迹众多，如规模宏大、风景优美的唐朝古刹青龙寺、以南宋宰相命名的颐浩禅寺、报国寺，依水而建的青浦“三塔”青龙塔、泖塔、万寿塔及曲水园、马家花园、大观园，都是古今文人墨客吟诗作画之地。

青浦西部碧澄如镜的淀山湖连接烟波浩渺的太湖，直通波涛滚滚的黄浦江。丰饶的淀山湖水哺育了历史上有影响的元代书画家曹知白和管道昇（赵孟頫妻）、清代著名学者王昶、构想黄浦江大桥的近代小说家陆士谔、商务印书馆创始人夏瑞芳、护送斯诺去延安的“红色牧师”董健吾及中共领导人陈云、牺牲时年仅 17 岁的松江农民革命军总指挥吴志喜、青浦最早的共产党员高尔松（号继郇，笔名高希圣）和高尔柏（号咏薇，笔名郭真）兄弟及国民党元老吴开先。

从美丽的淀山湖畔还走出了一位她的优秀儿子——黄埔军校第四期政治科毕业生，曾任北伐军总司令部政治部宣传科副科长兼文工团团长、第三战区左翼第十五集团军司令部战地文化服务团团长、武汉卫戍区警备司令部政治工作大队副大队长和新四军苏北盐阜区盐东县抗日民主政府第一任县长的方强（袁文彬）烈士。

从青浦向西南行船 18 公里便到了江南著名鱼米之乡、袁文彬的衣胞之地——千年古镇练塘。坐落在市河两岸的清代老式的过街楼、河埠头、长廊、幽弄和深宅，显得古朴而宁静。从清清河塘里来往摇曳的小船上，不时风一样轻柔地飘出悠扬的吴歌越调。镇上的居民依水而住，街巷因河而成。“高屋窄巷对街楼，小桥流水处人家”成了练塘集镇独特的景观。清代高如圭在《章练小志》中记载：“练塘东西长九里，南北袤六里，湖滨接荡，四面皆水，为吴越分疆之要点，淞沪西北之屏藩。”唐朝诗人温飞卿在《芙蓉诗》里描写了练塘荷花荡：

刺茎澹荡碧，花片参差红。
吴歌秋水冷，湘庙夜云空。
浓艳香露里，美人青镜中。
南楼未归客，一夕练塘东。

练塘的历史可以一直追溯到春秋战国时期，原名章练塘。相传因五代闽国西北行营招讨使章仔钧与妻练夫人（杨隽）居住在这里而得名。又传说因东汉末年，东吴大将周瑜在此建舰操练水军之池塘而叫练塘。清朝诗人钱浩充在《夜泊练塘》诗中写到“寂静寒塘碧水铺，名传章练起东吴”即取此意。

泱泱淀山湖水、太湖水和汾湖水在练塘汇合后奔向滚滚东流的黄浦江。穿镇而过、宽阔清澈的黄浦江、太浦河流淌到这里也放慢了奔腾的脚步，波澜不惊。它们与镇内的泖河、鹤河、市河和红旗荡交织在一起，如大地母亲的乳汁共同滋润着江南练塘这片沃土。练塘和许多江南小镇一样盛产稻米，尤以青角薄稻闻名。茭白也是练塘的一大特产，有水的地方便有茭白。

练塘又是佛教、天主教、基督教、道教齐全，宗教气息十分浓厚的古镇，至今还保留着天光寺、天主教堂、隐真道院等寺院庵堂。

千年古镇练塘。

镇上古桥众多,保存下来的桥中最古老的元代石桥“顺德桥”上一副楹联“九峰列翠重镇,桃源早发;鹤荡渔歌晚唱,三泖行帆”,形象地描绘了水乡古镇的湖光山色与繁华景象。其中“九峰列翠”、“鹤荡渔歌”与“三泖行帆”曾被列为远近闻名的“练塘八景”。

袁家祖籍具体在哪里,无法考证。袁文彬的父母这一代,都是练塘老实巴交的农民。家中只有几亩薄地,缴去地租,收入很少。加上连年灾荒和兵乱,家中常常揭不开锅,生活难以为继。所以,长子袁文彬的到来,并没有让愁眉苦脸的父母露出多少笑容。

现在已无法查考袁文彬父母的姓名和生卒年月。后来据袁文彬烈士的子女讲,祖父去世较早,他们小时候就没有见到过祖父的模样。祖母很健康,一直活到20世纪60年代初。

袁家兄弟姊妹四人,袁文彬排行老二。他出生时上面已有一个姐姐，后来父母又生了一个弟弟和一个妹妹。因家中贫穷，无法养活四个孩子，父母不得已把姐姐送给了有钱人家。弟弟叫袁文彰，妹妹叫袁莲云。

这里顺便提一下袁文彬的弟弟袁文彰。袁文彰在20世纪二三十年代的上海很有名气。他曾是中共早期党员，在日本人创办的上海东亚同文书院读过日文。后来，他又脱党。在大陆解放前夕，他随老乡吴开先到台湾做了茶叶商人。他的同乡、校友或大革命失败后和他一起流亡日本的中共党员都是中国现代革命史上有相当影响的人物。他与时任上海学联副主席、新中国建国后曾任民革中央常委兼秘书长，全国人大常委、全国政协委员的梅龚彬（字电龙，号剑文），青浦县首任民选县长高尔松，国民党中央执委、组织部副部长吴开先都是校友。

1926年4月，为响应中共中央二月特别会议精神，袁文彰与陈云、吴开先、高尔松、高尔柏、徐勖等青浦24人联名发起成立了“青浦旅沪学友会”，发表宣言，以“联络感情、互相砥砺、团结青年、改造故乡”为宗旨。1927年大革命失败后，袁文彰东渡扶桑，在日本帝国京都立教大学留学。由于他精通日语，说得和日本人一样地道，没有引起日本警察的注意。当时流亡日本的中共党员有很多事都去找他帮忙。

文坛巨匠茅盾在《茅盾自传》一书中用了不少笔墨写到了袁文彰：

> 我（茅盾——本文作者注）到京都后，才知道还有一个松江人用了日本式名字高乔平，在立教大学念书。他原名袁文彰，在上海同文书院（日本人办的）读过几年，日语已相当好了，现在又来了日本，天天说日语，自然更好了。我们有些事，就托他办。
>
> ……
>
> 回京都后，此时和我比较熟悉的人只有高乔平了（此前我

> 搬家和漆琪生同租一个日本人的余屋，后来漆被捕，说他与日共有来往），我托他买船票。他说，不可不玩宝塚，看一看少女歌舞团的表演。所谓宝塚，原来是个大游艺场，到处都铺了地毯，进门就要脱鞋。我和高乔平在宝塚玩了半天。四月初旬，我就回国。

文中的“我们”指当时旅日中共早期党员钱亦石（字介磐）、杨贤江（字英甫）等人。大革命时期，钱亦石曾担任中国国民党湖北省党部委员兼宣传部长。杨贤江是浙江省最早的共产党人之一，也是中国最早的马克思主义教育家之一。20世纪20年代初，他曾经和胡愈之、茅盾一起在商务印书馆工作，并主编《学生杂志》。北伐时，他当过国民革命军总政治部机关报《革命军日报》总编，他来到京都后就住在高乔平隔壁的平房内。当时茅盾在日本的寓所与高尔松、高尔柏兄弟为邻。他们都是1927年大革命失败后流亡日本的。

从以上这段文字可以看出，当时在日本袁文彰与文学大家茅盾的关系非同一般，与钱亦石、杨贤江的关系也是很紧密的。

袁家地少，生活清苦，但父母还是省吃俭用、勒紧裤带供袁文彬念了几年私塾。袁文彬读过《三字经》、《千字文》。后来为避兵匪骚扰，袁家离开了祖辈居住的高家埭村，举家搬到了练塘小镇上居住。高家埭村在小镇的东北，以高姓和袁姓居多。

现在练塘镇市河畔的东风街（原上塘街）36号仍保留着袁文彬青少年时的故居。一排两层砖木结构、白墙黛瓦的房屋，是典型的清代老式江南民居。它的前面就是石头驳岸、清水悠悠的市河。袁文彬曾在这里生活读书一直到去上海求学才离开。这个小镇上，还有一位1927年大革命时期牺牲的烈士，叫吴志喜。他毕业于黄埔军校武汉分校，曾任中共青浦县委常委、松江农民革命军总指挥，和陈云一起组织领导过农民暴动，牺牲时只有17岁。他的故居在上塘街93弄11号，和袁文彬旧居相距不远。在新建成的由江泽民同志题写的“陈云故居暨青浦革命历史纪念馆”内，有专门介绍袁文彬、吴志喜烈士的图片和文字，陈列着袁文彬烈士唯一的遗物——他 1927 年新婚时使用过的一只木质旧书柜。

现在练塘镇市河畔的东风街(原上塘街)36 号仍保留着袁文彬青少年时期所居住的一排两层砖木结构、白墙黛瓦的房屋，是典型的清代老式江南民居。

袁文彬家与陈云家仅隔着一条碧水悠悠的市河。袁文彬住河南，陈云居河北。市河如一条碧绿的玉带贯穿小镇东西，把小镇分成了两半。一条叫上塘街，一条叫下塘街。无数座形态各异的石桥、砖桥和木桥又把这两条主街紧密连接在一起。市河是当时练塘镇通向镇外的一条交通要道，直通浩浩荡荡的黄浦江。袁文彬、陈云和高尔松、高尔柏兄弟就从市河坐小船走向了上海，走向了全国。

我们现在看到的市河畔装修一新的对外开放的两层砖木结构、白墙黛瓦的陈云故居，实际上是他舅舅的家。陈云小时候父母就去世了，其后，他一直寄居舅舅家。他舅舅姓廖，叫廖文光。当时陈云跟舅舅姓，又叫廖陈云。他舅舅很有钱，临市河开了一爿小

袁文彬家与陈云家仅隔着碧水悠悠的市河。袁文彬住河南，陈云居河北。

酒店。顾名思义，酒店是卖酒的，像鲁迅笔下的“咸亨酒店”，不是现代意义的饭店。陈云做完功课，常在店里当帮手。有时站在小凳上为客人打酒，有时伏在柜台上熟练地噼哩啪啦地拨打着算盘替舅舅算账。

后来，以党内经济学家著称的陈云，从事经济研究工作的生涯，实际上从他儿时拨打算盘替舅舅算账就开始了。

一河之隔的袁文彬提着酒壶跨过石桥来陈云舅舅酒店沽酒，常与陈云挥手热情地打招呼。

有意思的是，陈云又与吴开先左右邻居，他们家仅一屋之隔。一个东侧，一个西侧。他俩又是青浦乙种商业学校的校友。一个担任过中共中央政治局常委、国务院副总理、中纪委第一书记，另一个曾做过国民党中央执委、国民党中央组织部副部长、军事委员会第六部第一组组长、上海市社会局局长。1949 年，吴开先随国民政府到了台湾，退出政界，经营书局。陈云故居西侧吴开先家的旧屋子已不复存在，现已划入扩建后的陈云纪念馆范围内。纪念馆院子中一株苍劲挺拔、郁郁葱葱、开放了百年的晶莹皎洁的白玉兰树即是吴宅旧树。

袁文彬家从高家埭村搬到练塘镇上后，寄宿在镇东上塘街（现练塘镇东风街41弄内）他的妹夫高尔梁家中，就像现在的孩子到县城读书、投靠亲友一样。高尔梁的胞弟便是后来青浦甚至上海现代史上著名的“高氏昆仲”（高尔松、高尔柏）。

当时，高氏父亲在镇上创办了恒丰祥南货店。不久，高家也从高家埭村迁到了练塘镇上居住。从现在保存完好的庞大的高氏旧居群的门楣上还依稀可以辨认出“西恒丰祥号”字样。可以看得出，当时，高家殷实富有。高家靠近一河之隔、地处下塘街的镇颜安小学堂，所以袁文彬当时就寄宿在高家读书。大革命时期，在青浦各界人民代表迎接北伐军的大会上，高尔松被推选为青浦县长，高尔柏曾任国民党江苏省党部委员兼宣传部代部长。那时袁文彬已是北伐军总政治部南昌分部社会股长，随总政治部先遣队到上海组建总政治部分部。新中国成立后，高尔松、高尔柏兄弟曾分别在国家新闻出版总署、高等教育部任职，两人合著、译著颇丰。

袁文彬温文尔雅，言语不多，一如他的名字，文质彬彬。戴着瓜皮帽、身穿长衫的他，每天背着书包与高氏兄弟一起到镇上颜安小学读书，冬天有时候怀揣一只烤山芋当早餐。他们三人年龄差不多大，高尔松比袁文彬大一岁，高尔柏又比袁文彬小一岁。他们常和一河之隔的陈云一起结伴而行。由于袁文彬读书勤奋刻苦，各门功课的成绩在班上一直名列前茅，经常得到老师的褒扬和学校颁发的“金牌奖”。学校有时还为袁文彬等家境贫寒的优等生免去学费。

颜安小学是练塘镇上的一所完全小学。前身是创办于清朝光绪十五年（1889年）的颜安书院。当时院长是松江顾香远太史，以尊孔读经，讲授先哲古训为主要教学内容。颜安是孔子七十二贤中孔子最喜欢的一位弟子，又叫“颜回”。颜安书院几度易名。戊戌变法后，光绪三十一年（1905 年），清政府推行新学，颜安书院被改为颜安国民高等小学校。辛亥革命后，又改称章练塘公立颜安国民小学校。聘 18 岁的杜枢（衡伯）为校长，提倡新学，废除读经，增加珠算、手工等科目，确立“勤”、“诚”两字为校训。学生的年龄悬殊很大，有“小校长、大学生”之说。袁文彬进入颜安国民小学读书后，开始接触新的思想。

现在颜安小学校园内耸立着高大的“杜校长衡伯先生纪念塔”纪念这位先贤。这是 1936 年陈云、高尔松、高尔柏等 40 位弟子回母校为他们的校长集资建造的。教室门前植有枝繁叶茂的枫杨树，俗称元宝树。每当春暖花开的时候，枫杨树枝上就挂满了一串串元宝形状的坚果。夏天，洒下一地绿荫；秋天，飘落满阶黄叶。袁文彬、高氏兄弟、陈云、吴志喜等革命前辈曾在这些高大挺拔的枫杨树下、迎着晨光发愤苦读，懂得了做人的道理，先后走上了革命道路。

现代化的校园内至今还保留着一排古色古香、青砖黛瓦的旧瓦房，特别引人注目。它们是袁文彬、陈云小时候曾读过书的两间教室。

笔者曾在市河畔的颜安小学校园内流连徘徊。现代化的校园内至今还保留着一排古色古香、青砖黛瓦的旧平房，特别引人注目。它们原是袁文彬、陈云小时候曾读过书的两间教室。教室为砖木结构，小瓦屋顶，后有长窗，前有长廊。看得出，旧教室是后来重新修建的。教室门前巍然屹立着三株苍劲挺拔的枫杨树，见证着颜安小学一百四十多年的沧桑历史。

1986 年，中共中央纪委第一书记陈云欣然为母校题写了校名“颜安小学”。

这时，上课的电铃声“叮铃铃”急促地响了，孩子们一溜烟地从旧教室门前跑过，忙着赶去上课。

和善的看门老人得知笔者来自苏北大丰市方强镇时，他很高兴。他指着那一排旧教室自豪地说：“方强烈士小时候曾在这儿读过书，我带你进去看看。”他连忙掏出腰间钥匙，把教室门打开，热情地带领我进去参观。宽敞、明亮的教室里陈列着一幅幅巨大的名人图片、漫画和文字介绍。图片上分别是从颜安小学走出去的袁文彬、陈云、高氏兄弟、吴志喜等小镇著名历史人物。

1986 年，中共中央纪委第一书记陈云欣然为母校题写了校名“颜安小学”。

袁文彬比他的河北邻居陈云大 4 岁，堪称老大哥。颜安小学校园内留下了他们的琅琅读书声。后来袁文彬到上海宝隆医院（同济大学附属医院前身）当护工。陈云从青浦乙种商业学校（相当于现在的中专）毕业后，经人介绍在上海商务印书馆发行所做徒工。袁文彬从黄埔军校第四期政治科毕业参加北伐革命战争时，陈云在上海参加了陈独秀、周恩来、罗亦农、赵世炎领导的第三次工人武装起义。这时袁文彬随北伐军总司令部政治部先遣队，已来到上海组建总政治部上海分部。

大革命失败后，袁文彬潜伏上海商务印书馆编译所从事地下工作。在商务印书馆发行所，袁文彬遇到了他的老乡陈云。不久，陈云回到青浦县担任县委书记，组织领导农民运动。后来陈云又任中共江苏省委常委兼农委书记、闸北区委书记、法南（法租界与南市）区委书记，从事工农运动。1931 年 3 月，中共中央特别勤务科（简称“特科”）主要负责人顾顺章被捕叛变，很快出卖了中共在武汉的地下党组织，十多位同志被捕牺牲。之后，中央特科进行了彻底改组，新的中央特科由陈云、康生、潘汉年三人组成，由陈云总负责。

后来党中央决定把在上海工作的同志调一大部分去江西革

命根据地——中央苏区，陈云、李一氓等都在其中。袁文彬、黄定慧等中共地下党员身份没有暴露，根据地下党组织的安排，他们继续潜伏上海从事地下工作。那时，陈云与袁文彬接触很少了。

第二章　寒窗苦读　直抵同济

这是袁文彬第一次见到久闻大名的文学大家茅盾和浪漫主义大诗人柳亚子。他聆听了茅盾的精彩演讲《什么是文学——我对文坛的感想》。

特别是柳亚子的演讲给袁文彬印象很深。他的演讲虽然不长，但悲壮痛切，声音洪亮，很感动人。

好学上进、诚恳朴实的袁文彬给恽代英、侯绍裘和杨贤江留下了深刻的印象，他们的目光开始注意袁文彬。

1918 年江南早春二月，市河畔碧绿细长的垂柳丝上点缀着一串串鹅黄的米粒般的嫩芽，在斜风细雨中舞动着一串串春的音符。水面上的鸭子纷纷跃起，展开翅膀扑腾着，伸长脖子快活地“嘎嘎”叫着，弄皱了一池河水。

袁文彬在亲友的帮助下总算读完了小学，家里再也无力供他继续上中学了。和袁文彬朝夕相处的高尔松、高尔柏兄弟小学毕业后，离开了泖湖畔的小镇练塘，到大城市上海读书去了。

高氏兄弟站在市河的乌篷船头上，向来码头上送行的袁文彬挥着手：“文彬，再见，我们在上海等你！”袁文彬向他们挥挥手，点着头，他脸上的表情很复杂。欸乃一声，摇着橹的乌篷船渐行渐远，袁文彬遥望着远去的高氏兄弟，心里有说不出的难过和失落。他眼眶里闪烁着晶莹的泪花。他想，如果能和高氏兄弟一起同行到上海求学，那是多么幸福的事啊。

小船悠悠划过平静的河面，离熟悉的练塘小镇越来越远，泖湖中耸立的高大的泖塔塔影也愈来愈模糊。小船轻轻犁起的一圈一圈的波纹渐渐扩大，犹如袁文彬愈来愈强的求学欲望。小船轻轻漾开去，在市河远处消失得无影无踪。高氏兄弟像跟上雁群的鸿雁一样远走高飞了，长空下，留下了孤零零的袁文彬一人，在水波轻轻拍击的石阶上独自徘徊。

高氏兄弟来到上海后，先进青年会中学念书。后来他们又考上了南洋公学（上海交通大学前身）中院（中学部），与上院（大学部）的侯绍裘、赵景瀛，中院的陆定一成了校友。

男儿有泪不轻弹。袁文彬因无法继续上中学而悄悄地抹过泪。“我要上学。”袁文彬多次央求爸爸妈妈让他继续读书。家中一天三顿饭都吃不好，父母眉头紧锁，唉声叹气，实在拿不出钱来供袁文彬继续念书了。他们看到左邻右舍的孩子都被送到大上海或者青浦县城去念书，自己的孩子却在家中以泪洗面，觉得有点对不住孩子。父母不得已，又千方百计东挪西借甚至不惜卖掉家中稻种，让袁文彬继续到上海求学。

父母把家中的积蓄全部凑给了袁文彬。1918 年，17 岁的袁文彬背起行囊，告别了父母，乘坐乌篷船离开了生他养他的故乡练塘，奔向黄埔江，扬帆东下，踏上了去上海求学的道路。袁文彬站立在船头，惠风和畅，一对紫色的斑鸠"咕咕"地鸣叫着，从他的头顶轻盈地飞过。他欣赏着市河两岸一片盛开的金黄的菜花，激动的心情就像一丛丛娇艳的菜花儿一样烂漫。浅水边茭白青青，一团墨汁般的蝌蚪在摇头摆尾。河岸旁厚厚的如金黄地毯的菜花清晰地倒映在平静的水中，轻轻的小船犹如在金色的巨幅油画里穿行。

袁文彬只身来到了十里洋场上海。这是他第一次孤身一人离开父母、离开故土。

繁华的上海当时是世界第五大城市、全国最大的都市，后来成为中国共产党的诞生地。上海又是中国国民党统治时期的政治、经济、外交和文化教育中心。这个"冒险家的乐园"，也是一个典型的有英、法、美、日等多个帝国主义统治的半殖民地，这里人口密集，工商业发达，文化教育事业集中。

袁文彬到上海求学，最初家里还可以接济，不久就断了经济来源。那么大的上海却没有袁文彬一席读书之地。袁文彬终因经济窘迫，交不起学费而无法继续读书，他失学了。

这次袁文彬没有流泪，也没有向父母再伸手，他觉得自己已经长大了。他决心要闯出一条新路，决定靠自己的双手挣钱继续读书。他当过报童，卖过报纸，干过清洁工，扫过马路。后经人介绍到了同济医科实习医院（同济大学附属医院前身）——德国舰医埃里希·宝隆创办的宝隆医院当勤杂工。这是既苦又脏的活，愿意干的人不多，尤其是年轻人。袁文彬十分珍惜这个来之不易的机会。他来自乡村，不怕苦不怕脏，脏活、苦活都抢着干，他觉得浑身有使不完的力气。他很积极，总比别人上班早下班迟。由于他表现突出，得到了医院领导的器重。一天，院长突然派人把袁文彬叫到办公室，他很紧张，以为要被炒鱿鱼。令袁文彬没有想到的是，院长不仅给他加薪，而且很快提升他为看护（护工）。这让袁文彬兴奋不已，自己终于有了稳定的职业。看护职业相当于现在的护士。用现在的话说，袁文彬属于编内人员，从而给他的命运带来了转机。

宝隆医院旧址。

袁文彬升为看护后，像医生一样穿上了白大褂，戴上了白帽子，每天面对的是病人，与各种病人打交道。自此，他更加谦虚勤奋，对待病人热情周到，随喊随到。他甚至为病人端屎端尿，深受病人的欢迎。如有一天病人看不到袁文彬，就问：袁看护怎么没来？

勤劳朴实、热情诚恳的青年看护袁文彬引起了一位住院病人的注意。他是在杭州宁波一带做锡箔生意的大商人。这位大商人的出现，彻底改变了袁文彬的命运。可惜我们现在无法知道这位大商人的姓名。

“小伙子,你叫什么名字?”

“老伯,我叫袁文彬。”

“这个名字不错,名如其人。”

“谢谢老伯。”

“你是哪里人?”

“江苏青浦。”

“青浦靠近上海,你年纪轻轻的怎么不继续读书啦?”

“想呀,我当看护挣钱就是为了继续读书。”

“有志气,这样吧,小伙子,只要你能考上学校,我愿意资助你。”

“你资助我?”

袁文彬有点不相信自己的耳朵。

“嗯! 我资助你。”

杭州商人看着将信将疑的袁文彬坚定地点了点头。

“太好了……”

袁文彬一时激动得不知说什么好。

“小伙子,你不知道,人家可是浙江大老板,你遇上好人了。”其他病友热情地告诉袁文彬,也为他高兴。

“谢谢,谢谢老板,我会永远记住你的恩德!”

袁文彬激动地、诚恳地深深弯下腰向这位锡箔商人连连鞠躬。

袁文彬果真没有让那位杭州锡箔商人失望。

1920年,袁文彬以优异的成绩顺利考上了德国人创办的同济医工专门学校(前身是同济医工学堂,即后来的同济医工大学),相当于现在的中等专业学校。19岁的袁文彬终于坐进了宽敞明亮的教室,专修德文,续圆了他的读书求知梦,开始了四年的中专生活。

这一年,陈独秀在上海发起成立了共产主义小组。

袁文彬考上同济医工学校的第二年,中国共产党在上海诞生。

侯绍裘暑假回到松江,组织在外地读书的松江籍大、中学生,发起成立了"松江回籍学生联合会"。在同济医工学校读书的袁文彬也在其中。这时袁文彬的家已搬到了松江县城。暑假期间,袁文彬和同学、松江人马骅等一起回到松江聆听上海大学中文系教授茅盾及国民党左派、南社大诗人柳亚子等进步人士参加的暑期演讲会。

这是袁文彬第一次见到久闻大名的文学大家茅盾和浪漫主义大诗人柳亚子。他聆听了茅盾精彩的演讲《什么是文学——我对文坛的感想》。

特别是柳亚子的讲演给袁文彬留下了很深的印象。他的演讲虽然不长,但悲壮痛切,声音洪亮,很感动人。

在这次演讲会上,袁文彬结识了后来对他人生产生重大影响的共产党员、松江县私立景贤女子中学校长兼《松江评论》主编,后来到共产党创办的上海大学任附中主任的侯绍裘。

1924 年,袁文彬又以优异的成绩升入同济医工大学医预科(同济大学医学院前身,1927 年改为国立同济大学,即现在的同济大学)。后来他当选为学校学生会主席,以同济医工大学学生主角的身份活跃在伟大的五卅反帝爱国运动的舞台上,成长为一位英勇的无产阶级革命战士。

这年袁文彬的同学高尔柏考入第一次国共合作时期、中共创办的第一所培育革命干部的新型学校——上海大学,高尔松则升入日本人办的上海东亚同文书院专修日文,与青浦练塘镇老乡袁文彰、吴开先成了校友。

也在这一年,中国国民党第一次全国代表大会在广州召开,标志着第一次国共合作统一战线正式形成。毛泽东、恽代英、邓中夏、向警予等共产党人担任了国民党上海执行部(国民党在广东根据地以外最重要的机构,统辖江苏、浙江、安徽、江西、上海等地党

同济大学医学院旧址。

务工作）的负责工作。不久，同济医工大学也建立了国民党执行分部，在吴淞镇举办平民夜校，十多位同济医工大学学生担任夜校教师。共产党人、共青团中央书记、上海大学教务长兼任国民党上海执行部调查干事邓中夏多次来到吴淞镇，关心平民夜校，进一步推动工人运动的发展。

国民党同济医工大学执行分部先后邀请国民党上海执行部宣传部秘书恽代英，上海大学社会学系教授肖楚女，中共上海地方兼区执行委员会执行委员茅盾，詹大悲及当时国民党左派、国民党上海执行部宣传部部长汪精卫来校演讲。他们分析了国内外的政治形势，宣传了国民革命和“联俄、联共、扶助农工”三大政策的重大意义，提高了大家反帝反封建的政治觉悟。

其中来同济医工大学次数最多、给袁文彬留下印象最深的是共产党人恽代英。一位戴圆边深度近视眼镜，平头，穿灰色长袍、布鞋，斯斯文文，能滔滔不绝演讲三四个小时的大演说家。当一个人把精力完全倾注在内在的思想上时，往往忽略了他的外表。恽代英就是这样一个人。他学识渊博，善于演讲，英文讲得流畅，文章也写得好。

恽代英当时的公开身份是上海大学社会学系教授，同时兼任共青团中央宣传部部长。上海大学是1922年秋，在国共两党酝酿合作的过程中创办的，它是中国共产党建立的培养革命干部的高等学府。上海大学附中主任便是著名教育家侯绍裘，训育主任是袁文彬的同学高尔柏。1923年10月，恽代英与邓中夏一起创办了《中国青年》杂志，并任主编。他工作很忙，白天教书、指导上海及全国青年运动，晚上还要挑灯夜战，编辑《中国青年》杂志。恽代英针对学生中存在的"脱离政治"和"个人奋斗"的倾向，阐明每个人都不能脱离社会，而要自觉地投身革命洪流的道理。如果大家不团结起来去推翻反动统治，那么业务学成，也将无用武之地。

这时候，袁文彬除结识了时任上海大学附中主任、国民党上海执行部宣传委员兼教育委员的侯绍裘外，还结识了中共上海地方兼区执行委员会候补执行委员兼国民运动委员会委员、负责青年学生运动的杨贤江及国民党左派杨杏佛。他们对袁文彬的人生影响很大，后来成了袁文彬走上革命道路的引路人。

好学上进、诚恳朴实的袁文彬给恽代英、侯绍裘和杨贤江留下了深刻的印象，他们的目光开始注意袁文彬。他们觉得袁文彬这小伙子是棵好苗子，勤奋好学，积极上进，有培养前途。周末，袁文彬放弃到市区公园游玩的机会，常常和一些进步学生与来到吴淞镇的恽代英、侯绍裘、杨贤江等一起讨论国事。

夜晚，黄浦江畔凉风习习，垂柳依依，明月高悬。听了他们的一番革命理论后，袁文彬连连点头，扶了扶眼镜，他心里顿时像天空中的明月一样亮堂起来。他渐渐懂得了反帝救国的革命道理，提高了参加革命斗争的积极性。

袁文彬一方面刻苦学习功课，另一方面挤出时间，如饥似渴地阅读进步书刊，积极参加社会活动。恽代英、侯绍裘、杨贤江还推荐袁文彬订阅了中共中央机关刊物《向导》、共青团中央机关刊物《中国青年》，他不仅自己认真学习，还推荐给周围同学阅读。

1925 年五一国际劳动节，袁文彬等同济医工大学学生和吴淞镇附近中国公学的学生、永安纱厂的工人一起在同济医工大学礼堂，再次聆听了大演说家恽代英热情奔放的演讲。

恽代英仍然穿一身褪了色的灰布长衫。他不带手绢，流汗了，用衣袖只一擦，向上推了推圆边深度近视眼镜。袁文彬等同学给他端上茶水，他激动地说了声谢谢，喝了口水，又继续演讲下去。他用满口湖北腔对当前政治形势、革命任务等问题作了精辟的分析，号召广大青年立即行动起来，动员全国人民推翻帝国主义和封建军阀的血腥统治，建立独立、自由、幸福的新中国。他演讲完毕时，台下哗啦哗啦报以热烈的、经久不息的掌声。袁文彬从中汲取了许多新鲜知识，增长了不少革命见识。

1926 年 3 月，“中山舰事件”后，恽代英受党组织派遣到黄埔军校担任政治教官和中共党团干事的时候，已是黄埔军校第四期政治科学生的袁文彬，又聆听到恽代英的精彩演讲。

1925 年 5 月 4 日这天，令袁文彬激动而难忘。

为了扩大革命影响，更广泛地团结同学，在学校当局和教职工的大力支持下，自 1919 年五四运动之后被迫停止活动的同济医工大学学生会终于恢复重建。学生会的重建有利于组织领导学生参加政治运动。学生们一致推举品学兼优、在学生中有较高声望和号召力的袁文彬担任学生会会长。吴鼎、陈宝璁、尹景伊、陈必贶、何同泽（袁文彬报考黄埔军校后由其担任学生会主席）、詹大权等进步学生当选为学生会成员。

袁文彬在学生们热烈的掌声中激动地走上了主席台，发表就职演说。他深深知道，自己被推荐为学生会会长，是全校师生对他的信任，他觉得自己今后肩上的担子更重了。

后来在气壮山河的伟大的五卅反帝爱国运动中，袁文彬始终站在斗争的前列，显现了卓越的领导和组织才能。

15 日，上海发生了日商纱厂日籍职员枪杀中国工人、共产党员顾正红，并打伤数十名工人的流血事件。

28 日，在北方青岛又发生了日本帝国主义和中国军阀共同镇压中国工人罢工的"青岛惨案"。

当晚，中共中央和中共上海地委联合召开紧急会议，讨论并通过了《扩大反帝运动和组织五卅大示威的决议》，决定发动青年学生、工人于 5 月 30 日下午在上海租界举行演讲示威，把反对日本资本家的经济斗争，发展成为全民族的反帝政治斗争，掀起反帝运动的新高潮。

当时，共青团上海地委书记、后来成为黄定慧丈夫的贺昌（1906—1935，曾任中共中央南方局书记、北方局书记，中共中央第五届、第六届中央委员）直接领导上海学联的工作。上海学联迅速召开会议，决定派人到各学校去，发动学生参加五卅大示威。

第二天，恽代英根据中共中央的决定，以国民党上海执行部宣传部的名义召集会议，决定以国民党组织和上海学联的双重名义，派宣传员和工人到各学校去，发动和组织学生参加五卅大示威。

当天下午，共产党员、上海学联副主席梅龚彬和共产党员、上海大学学生会负责人何秉彝来到吴淞镇，向国民党同济医工大学执行分部和学生会负责人传达了中共中央的指示和恽代英的讲话精神，要求立即动员全校学生准时参加五卅大示威。

在这次会议上，袁文彬结识了梅龚彬、何秉彝。何秉彝在五卅运动中壮烈牺牲。梅龚彬后来和袁文彬曾一起参加了北伐革命战争，梅龚彬担任北伐军第四军第十二师上校政治部主任，后又任叶挺十一军第二十四师七十一团政委，参加了南昌起义。他的传奇经历后来被茅盾作为男主角原型写进了小说《幻灭》。

散会后，袁文彬和学生会其他负责人在返回教室途中商定：当晚7时立即召开全校学生紧急动员大会。为保证会议按时召开及学生参会人数，学生会领导成员顾不上吃饭，每人抓了个馒头分头到食堂和每间宿舍口头通知每一个学生，要求大家为了中华民族的生存和利益，人人都要准时参加会议。

第三章　五卅运动　初露锋芒

袁文彬带领一支队伍，高举写有校名“同济医工大学”的横幅和队别的小旗来到南京路、河南路，他站在高处，举着喇叭向广大市民讲述中国工人顾正红被日籍职员惨杀的经过。

枪声震惊了袁文彬。他连忙率领队伍赶到老闸捕房，发现学生会副主席尹景伊受伤了，立即组织学生护送尹景伊到附近仁济医院进行抢救。

1925 年 4 月 29 日，晚上。同济医工大学会议大厅灯火通明，如同白昼。

学生们步履匆匆从食堂、宿舍纷纷赶往礼堂。他们像参加战前动员一样，个个脸上都显得焦虑而紧张。他们坐下后，都把期待的目光集中在主席台上，盼望会议早点开始。

大会原定7点准时召开，但六点半全校各班学生就已全部到齐，济济一堂。坐在主席台上的袁文彬掏出怀表看了看，和学生会其他负责人商议决定会议提前开始。

“同学们，我们现在开会。”袁文彬宣布大会开始后，下面鸦雀无声。他首先欢迎上海学联副主席梅龚彬讲话。戴深度近视眼镜的梅龚彬向大家报告了中国工人、共产党员顾正红被日本帝国主义惨杀以来国内外的政治形势，传达了恽代英的重要讲话精神，并动员全体学生积极响应中共中央的号召，坚决踊跃地投入这场反帝斗争。

同学们凝神屏气倾听完梅龚彬的报告后，情绪激昂，义愤填膺，纷纷卷起衣袖，不断高呼口号。他们争先上台发表演讲，反帝情绪如一点就着的干柴。学生会副会长尹景伊坚定地表示：“我们要为祖国而奋斗！”“我们要同帝国主义斗争到底，不惜粉身碎骨，流血牺牲，绝不后退！”

袁文彬激动地站立起来，攥紧拳头，带头高呼：

“打倒帝国主义！”

“要杀人犯偿命！”

“坚决支持罢工工人！”

袁文彬喊一句，学生们也跟着喊一句，阵阵的口号声如滚滚春雷，在礼堂上空久久回荡。有的同学愤怒地举起双手，发誓要替被害工人报仇雪恨。

尹景伊随即提议：组织募捐委员会，筹集资金，支持罢工工人。同学们积极响应，袁文彬第一个带头捐出自己平时省吃俭用存下的钱。其他同学也纷纷把随身带的现款捐了出来，没有带钱的同学还写下了认捐数目。

袁文彬最后宣布全体同学于第二天（5月30日）上午到上海市区租界参加反帝大示威。大会推举陈维新、何同泽、吴中士、陈必贶等四人负责出发前的各项准备工作，推举袁文彬、陈宝骢、吴鼎、尹景伊担任四支游行示威队伍的领队。

会议结束时已是深夜11点，大部分同学都已熄灯休息。学生会办公室电灯通亮。学生会主席袁文彬却一点睡意也没有。他有点兴奋，也有点担心。这毕竟是他担任学生会主席以来，第一次组织领导全校学生参加大规模的活动。为保证第二天示威活动取得成功，袁文彬和陈宝骢、吴鼎、尹景伊带领三十多位同学还在礼堂里不知疲倦、紧张地忙碌着：编队伍、写标语、做小旗、印传单、准备急救包。

袁文彬又安排尹景伊连夜骑着自行车分别到蕰藻浜中国铁路工厂、张华浜火车头修理厂，和那里的工人取得联系，约好第二天上午一起到市区租界参加示威游行。

夜，已很深了。街道上的行人、车辆渐渐稀少。尹景伊埋头蹬着自行车的影子快速地从路面划过。他从那两个工厂回来后，衣衫已经湿透。他抹了一把汗，兴奋地告诉袁文彬：铁路工厂的工人明天早上赶到同济医工大学集中，和他们一起出发。火车头修理厂的工人和他们相约第二天在天通庵火车站会合。

"好！"袁文彬满意地点了点头。

当袁文彬认真逐一检查完各项准备工作，打开窗户，伸展胳膊呼吸新鲜空气时，当、当、当……从外滩海关钟楼传出悠扬的钟声，迎来了上海滩又一个新的早晨。东方一抹鲜艳的朝霞映红了跳跃着细碎波光的、悠悠东流的黄浦江，杜鹃、黄鹂以及其他不知名的鸟儿立在校园枝头放声高歌，竞相盛开、姹紫嫣红的牡丹、芍药吐露着浓郁的芬芳，晶莹的露珠从娇艳的花瓣上滚落。

1925年5月30日，历史将永远铭记这一天。

火热的阳光洒满同济校园。三百多名（占全校学生总人数的80%以上）热情高涨的同济医工大学学生准时集中在学校大操场列队准备出发。蕰藻浜中国铁路工厂的工人也早早赶来会合。每四个小队编成一个中队，四个中队组成一个大队。他们像即将投入真实战斗一样显得紧张而兴奋。袁文彬宣布了编队的情况和注意事项，然后大声宣布出发。为了避免引起帝国主义工部局和巡捕房的注意，袁文彬决定将大队暂时化整为零。从上午8点起，四个中队分批从学校出发，步行到吴淞镇火车站，然后乘坐火车赶往市区南京路和火车北站。

袁文彬带领一支队伍，大家高举写有校名“同济医工大学”的横幅和写有队别的小旗来到南京路、河南路。袁文彬站在高处，举着喇叭向广大市民讲述中国工人顾正红被日本资本家惨杀的经过。他讲到沉痛之处时，市民听了纷纷落泪。有的学生举着竹桶，把募捐到的钱币投放进去。还有的学生向市民散发传单，在街头张贴标语。

吴鼎带领另一支队伍穿过南京路，到其他马路去游行，并与兄弟学校的队伍一起来到江苏交涉署（北京政府外交部驻沪外事机关）请愿，情绪激昂。他们一致要求严惩枪杀工人的凶手，发放抚恤金，并保证今后不再发生类似的事件。

这天，上海各学校学生和部分工人一共三千余人参加了声势浩大的游行大示威。在这支游行队伍中有恽代英、陈云、茅盾、阳翰笙、高尔柏等我们熟悉的共产党人的身影。他们和学生、工人一起分散在租界各条马路上发表演讲，散发传单，张贴标语、漫画，揭露帝国主义的种种罪行。南京路上人流滚滚如春潮涌动。中午，英帝国主义巡捕拘捕了十多名演讲学生。到了下午，参加游行示威的工人、学生越来越多。他们高举着“工人团结起来”、“打倒帝国主义”等横幅直接到南京路先施公司一带游行示威。有的学生登上了先施公司、永安公司的楼顶，抛散的一叠叠五彩缤纷的传单如雪片一样漫天飞舞，围观的群众不时报以一阵阵雷鸣般的掌声，并不断高呼反帝口号：

“打倒帝国主义！”

“为顾正红报仇！”

“取消三提案！”

“废除不平等条约！”

激昂的口号声响彻云霄，滔滔黄浦江水在奔腾激荡。

“援助工人”、“援救被捕学生”、“收回租界”、“取消印刷附率”、“打倒帝国主义”等揭帖和小传单开始散发并且黏贴在沿马路商铺的玻璃窗上。巡捕拔出手枪、举起警棍驱逐工人和学生，并蛮横地撕下揭帖。但是，他们刚赶走了前面的一群，身后的空间又迅速填满了工人和学生。巡捕刚撕去了一张揭帖向前走了几步，第二张揭帖又端端正正贴在原处。

陈宝骢带领学生队伍在永安公司一带向广大群众展开宣传时，突然冲上来几名印度巡捕，蛮横地挥舞注铅的警棍驱赶学生。学生们被激怒了，手举喇叭的陈宝骢指着巡捕慷慨激昂地对群众大声说：“同胞们，请大家看看帝国主义是怎样欺负压迫我们的，中国人在自己的土地上竟不能讲话，不能演讲。”“我们要斗争，要打倒帝国主义，收回租界！”他洪亮的口号声立刻吸引了不少群众围拢过来，学生们不时报以热烈的掌声。

突然，一名戴红包头的印度巡捕举起警棍朝正在演讲的陈宝骢扑来，从后面猛击他的头部。陈宝骢顿时血流如注，鲜血染红了他的面颊。周围同学立即用毛巾帮陈宝骢包扎伤口，很快洁白的毛巾也被染红了。学生们举起拳头愤怒地涌到巡捕面前大声地高呼：“血债要用血来还！”“打倒帝国主义！”

这时，南京路上老闸捕房从各处抓来的人越来越多，有学生，也有工人。他们在捕房内毫不畏惧，愤怒地敲门窗、拍桌椅，和巡捕进行针锋相对的说理斗争，把老闸捕房闹得天翻地覆。成千上万的群众紧紧围在老闸捕房门外愤怒地大声高喊：“立即释放中国人！”“打倒帝国主义！”

陈宝骢不顾伤痛带领学生冲到距老闸捕房第一道门两三丈远的地方，巡捕顿时紧张害怕起来。英国巡捕头子爱活逊如临大敌，他鼓着腮帮子，吹响了哨子，立即调集二十多名华人巡捕、印度巡捕及英国巡捕，摆出一个半月形的包围阵势。每个巡捕都手举马枪，对准手无寸铁的群众，但群众丝毫没有畏惧和退缩，手拉着手团结得更紧了。

下午 1 点，当从同济医工大学出发的最后一个中队到达浙江路时，联络员急匆匆跑来向他们反映，说兄弟学校有不少学生被巡捕抓走了，关押在老闸捕房的就有一百多人，要求同济学生参加营救。尹景伊举着旗帜带领学生赶到南京路老闸捕房声援被捕学生，他高举着喇叭带头高喊："打倒帝国主义！""立即释放中国人！"爱活逊对巡捕突然下令："预备！ 瞄准！"当尹景伊看到陈宝骢头部裹着被鲜血洇红的毛巾不顾伤痛英勇地冲在最前面时，跑上前拉陈宝骢一把："宝骢，你下去，我……"尹景伊话还没说完，"砰！"突然，枪声响了。英国巡捕首先扣动了扳机，罪恶的子弹嗖地从陈宝骢头部擦过，鲜血再次染红了他头上的毛巾。尹景伊连忙给他包扎伤口。这时红了眼的英国巡捕又向尹景伊背部连开了两枪，殷红的血汩汩流淌。尹景伊倒在了血泊中。

枪声震惊了袁文彬，他连忙率领队伍赶到老闸捕房，发现学生会副主席尹景伊受伤了，立即组织学生护送尹景伊到附近的仁济医院进行抢救。

路上，袁文彬不断鼓励尹景伊一定要挺住。尹景伊紧紧抓住袁文彬的手，用颤抖的声音说："宣传，斗争，打倒帝国主义！"尹景伊，这位同济大学的骄子，终因伤势过重，流血过多，献出了自己年仅 21 岁的年轻生命。

现在，由同济校友、原中纪委书记李昌题名的"同济大学学生运动纪念园"内郁郁葱葱，巍然屹立着五卅运动的先躯、同济大学学生会副主席、机师科学生尹景伊烈士的汉白玉石塑像。尹景伊烈士将永远受后人敬仰。

这天，包括上海大学学生会领袖何秉彝、南洋公学（南洋大学）附中学生陈虞钦在内的13人在游行示威中壮烈牺牲，鲜血染红了老闸捕房门前的路面和电车轨道，是为震惊中外的五卅惨案。瞿秋白主编的中共中央机关报《热血日报》刊登了五卅遇难者名单。

五卅惨案发生的当晚，中共中央在上海召开紧急会议，决定继续组织学生到租界宣传发动群众进行“三罢”（罢工、罢课、罢市）斗争，并把反帝运动扩展到全国去。

也是这天晚上，上海学联迅速召开了紧急会议，袁文彬和其他学校学生代表二十余人参加了会议。会议作出了三项决议：一、要求租界当局立刻释放被捕的学生和工人；二、要求凶手抵命；三、要求租界当局负责医治受伤的人员。会后，袁文彬和各学校代表立即去江苏交涉署，要求交涉员陈世光迅速与外国驻华领事团强硬交涉。

6月2日上午，袁文彬组织学生会和有关单位在斜土路同仁辅元堂为尹景伊烈士隆重举行追悼大会。灵堂布置得庄严肃穆，悬挂着尹景伊烈士遗像和“为国捐躯”的横幅，四周布满花圈挽联。袁文彬致悼词。学生代表和烈士家属抬着尹景伊烈士的灵柩出殡，送殡队伍和沿途群众齐声高呼：“打倒帝国主义！”“收回租界！”“反对印刷附率！”

这一幕幕悲壮撼人的场景，被友联影片公司全部拍摄了下来，编入《五卅沪潮》纪录影片，纪录片在国内各大城市和东南亚等地放映，进一步介绍五卅惨案真相，揭露帝国主义暴行。

五卅惨案发生后，袁文彬组织学生会编印出版了三期《五卅血》简报，报道惨案事实，刊载烈士遗像、遗言，发表《近八十年英人侵略我国之历史观》等论文以及《英日两国在华之租界一览表》等资料，进一步激发广大群众的爱国热情和反帝斗志。

袁文彬除组织一批学生到上海市区继续宣传外，还组织大批学生分赴宝山县、吴淞镇等地散发传单、宣传演讲。同时，继续邀请五卅反帝示威总指挥恽代英、上海教职员救国同志会的成员到学校演讲，进一步提高大家的认识。连续几天在同济医工大学礼堂播放反映五卅惨案真相的影片，以激发吴淞各界人士对帝国主义的仇恨，加强团结，统一步调，增强斗争意志。

5日，袁文彬和学生会其他负责人决定以同济医工大学学生会的名义向全国发表通电，进一步揭露五卅惨案真相，控诉帝国主义暴行。通电要求全国同胞："务本人道主义，群体联合，以从事此次之运动，则各国慑于我国民气，胁于世界公理，我国民则必有胜利之日。"

13日，袁文彬安排学生会准备了一辆专车，到仁济医院迎接英雄陈宝骢痊愈归来。同学们列队在蕰藻浜大桥等候，天空突然下起了大雨。同学们站在雨中，谁也没有走开。当陈宝骢坐的车徐徐驶来时，大家报以热烈的掌声，齐声高呼"国民运动万岁"、"爱国男儿万岁"、"打倒帝国主义"等口号。同学们争先上前和陈宝骢握手，并献上花篮。接着以汽车为前导，同学们高举写有"赤血救国"四个大字的横幅，列队紧紧跟随在汽车后面。

在同济医工大学礼堂里，学生会为陈宝骢痊愈归来举行了隆重的欢迎大会，气氛庄重热烈。袁文彬首先致欢迎词，他高度赞扬了陈宝骢同学不怕流血牺牲、不畏强暴的英雄壮举，号召全校学生一致向他学习。接着，陈宝骢向同学们汇报了自己的流血经过，并表达了继续参加反帝斗争的坚定决心。

第四章 南下黄埔 投笔从戎

一次，周恩来在观看血花剧社文艺演出时，袁文彬给他留下了深刻的印象。周恩来指着舞台上表演活泼的袁文彬问身旁的人：那个长得精干的是谁？旁边的人告诉他：他叫袁文彬，是第四期政治科的学生。

现在，同济大学校园内，流水潺潺的学生运动纪念园内有两座汉白玉石烈士浮雕头像镶嵌在青石照壁上，掩映在青松翠柏丛中，一座是袁文彬，另一座是他的校友，德文补习班学员、青年诗人、“左联”五烈士之一的殷夫。

袁文彬考上同济医工大学的那一年，在苏联的帮助下，孙中山改组了国民党。共产国际促成国共双方在广州黄埔区长洲岛创办了中国国民党陆军军官学校，简称黄埔军校。这是国共两党合作创办的军事、政治并重的新型军校。中共上海地方兼区执委会召开党员大会，传达了陈独秀、毛泽东联合署名的中共中央第62号通告，要求各级党组织迅速选派符合条件的共产党员、共青团员以及其他革命青年报考黄埔军校，为中共培养军事人才。

五卅运动更大规模、更深程度上促进了中国青年的民族觉醒。五卅运动后，一大批有志革命青年从全国各地涌向当时中国民主革命的中心——广州。他们中很多人放弃了原来中学或大学的学业，踊跃南下广州报考黄埔军校，积极参加革命。同济医工大学袁文彬就是其中的一位。

面对列强步步进逼，军阀连年混战，人民痛苦不堪的严酷现实，特别是经过五卅运动血与火的洗礼，袁文彬逐步认识到：读书救国只是一种空想，光读书挽救不了民族危机，挽救不了中国。只有参加革命，投笔从戎，才是光明的出路。当袁文彬和他的同学路过黄浦滩公园门口时，公园门口悬挂的醒目的牌子上面写着羞辱中国人的“华人与狗，不许入内”，这让他永远不会忘记。袁文彬和其他同学曾经发誓：我们一定要打倒列强，誓雪国耻。

这时，恽代英、侯绍裘、杨贤江代表中共上海党组织来到同济医工大学向袁文彬等进步学生传达了中共中央第62号通告：“广州黄埔军校正拟招收三千名入伍生，望各地迅速多选工作不甚重的同学、少校同学及民校左派同学，自备川资和旅费，前往广州报考，以免该校为反动派所据。此事关系重大，各地万勿忽视。投考者一律携带民权介绍信……”

袁文彬聆听了中共中央通告后心潮澎湃。他早已听说民主革命先行者孙中山先生在南国广州创立了“建立革命军，挽救国家危亡”的黄埔军校，他一心向往当时的中国民主革命策源地广州，积极报名要求报考黄埔军校参加革命。

中共上海党组织决定推荐品学兼优、积极上进的同济医工大学学生会主席袁文彬去革命中心广州报考黄埔军校。

恽代英问袁文彬："文彬，你要放弃目前的学业，做得到吗？"

袁文彬沉默了一会儿，抬起头，目光坚毅，激动得涨红了脸，说："做得到，我觉得学医救不了国家，我决定投笔从戎，报考黄埔军校参加革命！"

"嗯，好样的！"恽代英拍了拍袁文彬的肩膀，向上推了推眼镜。他觉得当初没有看错袁文彬，他满意地点了点头。

袁文彬给家里写了一封信，告诉父母他准备放弃同济医工大学的学业，到南国广州报考孙中山先生创办的黄埔革命军官学校，做一名拯救国家、拯救民族的革命军人。他的想法自然遭到了父母的反对。扁担大的"一"字都认不得的父母，他们的心愿是让袁文彬从事稳当的翻译工作或者将来当一名医生。他们认为只有这些职业才适合自己文质彬彬的儿子。然而，袁文彬报考黄埔军校的主意已决，父母也没有办法，只是摇头叹气。

中国国民党江苏省党部朱季恂、侯绍裘介绍袁文彬到黄埔军校驻上海办事处，办理了报名手续，到闸北上海大学参加笔试，袁文彬被顺利录取。

袁文彬毅然放弃了在同济医工大学的还有两年时间即将完成的学业，提前结束了大学生涯，放弃了将来做一名医生的机会，满怀着对革命的憧憬离开上海，奔赴第一次大革命的中心——广州报考黄埔军校。当时，从上海到广东国民政府所在地广州，既不通火车，也无定期客轮。只有虞洽卿办的三北轮船公司的"醒狮号"客货轮船不定期往返上海和广州，一个来回要走二十多天。

袁文彬背起行囊，带着中国国民党上海招生办事处开具的录取证明，于 1925 年 7 月离开了同济医工大学，离开了上海，登上了开往广州的"醒狮号"客货轮，开始了人生新的征程。

从此，袁文彬走上了拯救民族危机的革命道路，直至把一腔热血抛洒在苏北盐阜抗日沙场。

现在，同济大学校园内，流水潺潺的学生运动纪念园内有两座

现在，同济大学校园内，流水潺潺的学生运动纪念园内袁文彬烈士汉白玉石浮雕照壁，掩映在青松翠柏丛中。

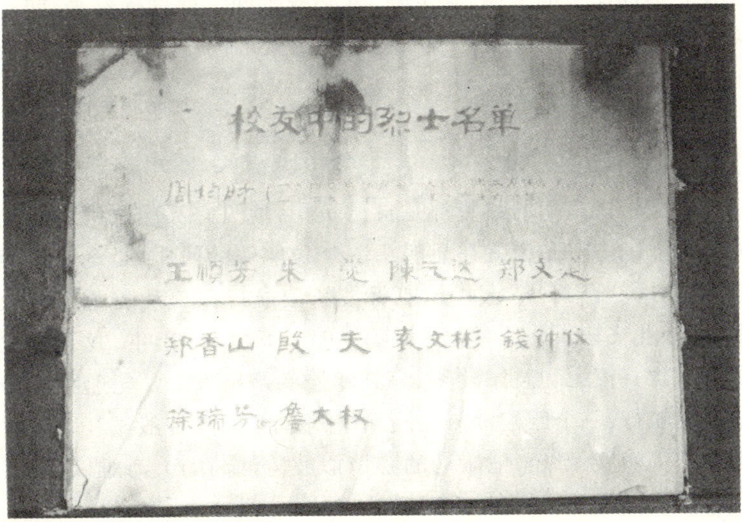

学生运动纪念园内“校友中的烈士名单”照壁上，铭刻着殷夫、袁文彬等同济大学校友的英名。

汉白玉石烈士浮雕像镶嵌在青石照壁上，掩映在青松翠柏丛中，一座是袁文彬，另一座是他的校友，德文补习班学员、青年诗人、“左联”五烈士之一的殷夫。“校友中的烈士名单”照壁上，铭刻着“袁文彬、殷夫、詹大权”等同济大学校友的英名。

袁文彬依依不舍地登上了开往广州的客货轮船，离开了在同济朝夕相处五年的老师、同学。学生会的吴鼎、陈宝璁、陈必贶等听说袁文彬南下广州报考黄埔军校，匆匆赶到黄浦江码头，为他们曾经的学生会主席送行。

“文彬！”袁文彬回头一看是学生会的吴鼎、陈宝璁、陈必贶他们。他激动地连忙迎上去，和他们紧紧拥抱在一起，泪水禁不住夺眶而出。从此，他们天各一方，不知何时才能相见。

“呜……”客货轮船起锚后拉出一阵长长的汽笛声，徐徐离开了黄浦江码头。袁文彬站在船舷旁，任黄浦江凉爽的风掀起他的头发。他向岸上的吴鼎、陈宝璁、陈必贶等同学使劲挥着手，向上海挥着手。“挥手从兹去”。再见了，亲爱的同学。再见了，亲爱的同济。

“保重！”

“再见！”

袁文彬去广州的路费都是自己负担，他只好买船票中最便宜的那种散铺。帆布床就在靠船头一个拉船锚的舱中，是全船最颠簸的地方。“醒狮号”客货轮船劈波斩浪航行在一片蔚蓝色的大海上，浪花飞舞。一群雪白的海鸥绕船上下翻飞、鸣叫。这是袁文彬第一次真正见到波澜壮阔、海天相连的茫茫大海。轮船在波峰浪谷上航行，一个巨浪涌来，扑打在甲板上，如碎玉般溅开。袁文彬忘记了颠簸、晕船，他激动的心情似波涛汹涌的大海难以平静。他的心早已飞到了广州，飞到了黄埔。

经过十多天的海上颠簸，袁文彬终于来到了当时的革命中心——广州。他迈开豪迈的步伐行走在沸腾的广州街道上，心情十分激动。广州街头到处可见盛开着鲜花的木棉树、凤凰树，香飘四溢。盘根错节的榕树、大叶芭蕉树，清翠欲滴，好一派南国风光。他感到南国广州这座海滨城市的太阳比上海火热，天空比上海蔚蓝。这里没有荷枪的巡捕，没有壁垒的沙包，也没有成排的铁丝网。街头张贴着醒目的革命标语，工人纠察队排着整齐的队伍高呼着“打倒帝国主义”、“打倒封建军阀”等口号，雄赳赳地从他身旁走过。

袁文彬手持介绍信激动而又紧张地来到当时设在广州文明路75号的中共广东区委报到，区委很快派人把他送上了广州东郊风光秀丽的黄埔长洲岛，他终于到了仰慕已久的黄埔军校。长洲岛位于碧波荡漾的珠江中央，四面环水，环境幽雅。清朝末年，长洲岛东端建造了一座江防炮台，该炮台与珠江南岸的沙路炮台、珠江北端的鱼珠炮台和蟹山炮台三足鼎立，形成闻名中外的长洲要塞。民国初年，广东陆军小学、广东水师学堂都曾设在这里。

黄埔陆军军官学校。

当时，黄埔军校虽已招收了四期学生，但条件依然简陋，生活仍然艰苦。仅有俱乐部是青砖瓦房，教室、宿舍、伙房、厕所等，都是草盖的。学员每人仅发两套军装、两件衬衫、两双布袜、一双草鞋和一副武装带，没有一分钱津贴。

通过政治考试后，袁文彬被正式录取。他脱下了学生装，换上了崭新的蓝布国民革命军军装，戴上大盖军帽，束上武装带，打着绑腿，穿上草鞋，和第四期同学高唱雄壮的"以血洒花，以校为家，卧薪尝胆，努力建设中华"校歌，进入了入伍生部开始了紧张的学习和艰苦的训练。

黄埔军校分校本部和入伍生部，刚考进军校的学生，先进入伍生部学习受训。入伍生部从第三期开始设立，不在黄埔军校本部，设在市郊燕塘，即入伍生第二团所在地。入伍生部总教官是日本帝国大学政治系毕业的刘凯之。

当时，袁文彬与林彪、袁国平、周恩寿、文强、李运昌、李逸民、白鑫等都被分在入伍生部受训。

入伍生部不分科，只对学生进行初步的军事、政治训练，让学生迅速适应艰苦、紧张的军营生活。第四期入伍生共两个团，约3 000人，团部就设在白云山麓的黄沙岗、沙河镇。团部在一个叫瘦狗岑的山下搭了席棚，入伍生就在里面吃饭、睡觉、受训。一个团有一千多人，由于没有那么大的教室，学生们都在露天操场上课。学生们围在操场上席地而坐，专心听教官站在一张大桌子上讲课。

袁文彬进入伍生部的时候，正是七月流火的季节，尽管天气非常炎热，但他每天照样上课、训练。不仅衣服湿透了，而且子弹袋都像浸了水一样。他训练结束一身汗，吃完饭也是一身汗，晚上有空，脱光衣服，下饺子一样跳到碧澄清凉的沙河里去洗澡。

一个月初训下来，袁文彬既黑又瘦，但身体很结实健壮。紧张、艰苦的军营学习生活与他过去在同济医工大学读书时的生活完全两样。

袁文彬在入伍生部学习成绩优异、军事训练表现突出，很快光荣地加入了中国共产主义青年团组织。1926 年 3 月，在入伍生初训结束，参加了升入黄埔军校正式军官生的甄别考试后，袁文彬、袁国平、周恩寿、文强、李运昌、李逸民、白鑫等都被编入第四期政治科学习，林彪则被分到了第四期步兵科，担任第二团二营三连中共党支部书记。

当时每期学习时间不定，看革命需要，有长有短。政治科（开始叫“政治大队”，1926 年 1 月，黄埔军校改组为“国民革命军中央军事政治学校”后设立政治科）完全是由共产党掌握的，或者说主要是为共产党培养部队政工干部的。所以政治科的学生是黄埔军校所有学科中人数最多的。在 1926 年参加北伐革命战争的八个军中，半数以上的军都由共产党人任党代表兼政治部主任。这些政工人员几乎都来自黄埔军校。

袁文彬和其他黄埔军校第四期的同学，庄严地高呼校长蒋介石亲自为他们第四期学员写下的《入学誓词》：“不爱钱、不偷生。统一意志，亲爱精诚。遵守遗嘱，立定脚跟。为主义而奋斗，为主义而牺牲。继承先烈生命，发扬黄埔精神。以达国民革命之目的，以求世界革命之完成。”从此，袁文彬开始了正式军官生的六个月的紧张学习和艰苦训练。

袁文彬和林彪、袁国平、周恩寿、文强、白鑫等从黄埔军校毕业后都参加了北伐革命战争。袁文彬任北伐军总司令部政治部宣传科副科长兼文工团团长，袁国平任北伐军第四军宣传队队长，周恩寿任北伐军总司令部政治部宣传大队分队长，文强任北伐军总司令部政治部宣传大队宣传员，林彪则被政治教官聂荣臻分派到第四军叶挺独立团担任见习排长。

黄埔军校在大陆先后培养了 23 期学生，据说身为校长的蒋介石最器重的还是大革命时期的前五期。在前五期学生中，蒋介石对第一期和第四期又特别青睐。第一期是他的开山弟子，自然感情不一样。从第四期开始因为有共产党积极参与，共产党从全国各地选拔推荐了不少优秀青年才俊考入黄埔军校。林彪、张灵甫、胡琏、高魁元、谢晋元等都是黄埔军校第四期毕业的杰出将领。

当时，黄埔军校首倡“特别讲演”。这是从欧洲留学回来的共产党人、校政治部主任兼政治教官周恩来推行的政治教育创举。每逢周二、周五晚上7点起，大花厅礼堂内人头攒动，座无虚席。袁文彬每次都早早来到这里，聆听了彭湃讲农民运动，何香凝、廖仲恺讲革命事略，鲁迅讲文学与革命。同时毛泽东、刘少奇、张太雷、邓中夏、苏兆征、吴玉章等风云人物精彩的讲演也给袁文彬耳目一新之感，给他留下了极其深刻而难忘的印象。

黄埔军校政治部还组织了一个叫“血花剧社”的业余文艺团体，社员们自编自演具有革命性的文艺演出。剧社社长就是黄埔军校第一期毕业生，已到校政治部工作、后来担任海军中将以“中山舰”事件而闻名的海军局代局长李之龙。“血花”一词来源于该剧社在演出时悬挂的红布对联“革命之血，主义之花”。每逢革命纪念日或举行文娱晚会，血花剧社在本部大礼堂或大操场都有精彩的文艺演出，同学们都能看到有文艺表演才能的李之龙、袁文彬、林彪等在舞台上活跃的身影。

北伐革命战争爆发后，国民革命军总司令部政治部又成立了文工团，叫“血花剧团”，以区别于黄埔军校政治部的血花剧社。多才多艺的袁文彬担任团长，李之龙担任副团长。

一次，周恩来在观看血花剧社的文艺演出时，袁文彬给他留下了很深的印象。周恩来指着舞台上表演活泼的袁文彬问身旁的人：“那个长得精干的是谁？”旁边的人告诉他，他叫袁文彬，是第四期政治科的学生。“袁文彬，这个名字不错。”周恩来重复了一句，点了点头。从此他记住了袁文彬这个名字。

后来，有一天周恩来在翻看第四期政治科学生花名册时，发现了袁文彬还是江苏籍。一天，袁文彬刚训练结束，突然被叫到政治部。当袁文彬忐忑不安地来到政治部时，他发现竟然是自己仰慕已久、具有传奇色彩的政治部主任周恩来召见他。周恩来微笑着自我介绍:我,周恩来。袁文彬连忙敬礼。周恩来向他伸出了宽大温暖的手,重重地握着,“袁文彬同学,我看过你的演出,不错”。袁文彬紧张的心情顿时松弛了下来。他们坐下来谈论起来,才知道他们一个来自江苏淮安,一个来自江苏青浦。周恩来听了袁文彬的介绍,哈哈大笑:“我们还是老乡嘛,在这里相遇,真是太巧了。”

周恩来浓眉下的一双眼睛炯炯有神,他问袁文彬:“你原来从哪个学校考来?”

“报告主任,学生从同济医工大学考来。”

“啊,你学医的?”

“是的。”

“高材生嘛!”

“主任过奖了。我学医之前还学过四年德文。”

“你还懂德文,很好。”

“其实医科我只读了两年,还有两年未毕业就弃学报考了黄埔军校。”

周恩来点了点头:“你还会表演,我看过,多才多艺,有政治抱负。”

面对比自己大三岁的老师的表扬,袁文彬脸微微地红了。

“你学的是政治科,我们是同行嘛,为适应北伐需要,国民革命军总司令部政治部决定从第四期挑选一部分学生参加总政治部随军北伐,你愿意参加吗?”

“学生愿意服从安排!”袁文彬激动得起立敬礼,他无条件地服从教官安排。

当时,周恩来是校政治部主任兼政治教官,袁文彬是政治科的学生,他们完全是师生关系。袁文彬从黄埔军校结识周恩来开始,到在武汉国民革命军总政治部,抗战时期在第三战区左翼第十五集团军司令部战地文化服务团、武汉卫戍区警备司令部政治工作大队、国民政府军事委员会政治部第三厅，再到重庆八路军办事处、皖南新四军政治部，他一直跟随周恩来转战南北。周恩来那宽广的胸怀，高度的原则性和灵活性相统一的思想，指挥若定、运筹帷幄的领导艺术，实事求是的科学精神，平易近人的工作作风，谦虚朴素的美德，一直深深地感染着、鼓舞着袁文彬。

除了上下级和师生关系外，袁文彬与周恩来、邓颖超夫妇个人感情很深厚。邓颖超后来还是袁文彬的入党介绍人。平时袁文彬亲切地称邓颖超大姐“小超”。大家都知道，“小超”是周恩来对邓颖超的昵称。

1926年6月，袁文彬从黄埔军校第四期政治科提前毕业后，果然被分配到广东国民政府政治训练部工作。北伐革命战争爆发后，政治训练部改组为国民革命军总司令部政治部，后来一直被称为“总政治部”。这是中国现代武装仿效苏联红军建立的政治工作机构，也是中国军队第一次设立政治部。第二次国内革命战争时期，政治部被蒋介石取消。抗战爆发后，国共合作，国民政府军事委员会恢复了政治部。中国工农红军及至今天的中国人民解放军一直把这一机构延续了下来。袁文彬随北伐军总司令部政治部参加了北伐革命战争。

当时国民革命军没有总司令部。因此，袁文彬所在的政治训练部就隶属国民政府，叫“国民政府政治训练部”，管理国民革命军各军师的政治工作。政治训练部主任是陈公博。

当袁文彬从政治科毕业分配到国民政府政治训练部工作时，周恩来已经离开黄埔军校政治部，担任中共广东区委常委、军事部长，同时兼任国民革命军第一军政治部主任、广东国民革命军党代表，率国民革命军开始了东征。

在国民政府政治训练部，袁文彬结识了何秉彝的四川彭县同乡、小学同学李一氓。李一氓来自上海东吴大学法科（东吴大学本校在苏州，法科在上海），接替吴明（原名陈公培）担任宣传科科长，主编国民政府机关报《革命军报》。李一氓后来还是袁文彬的结婚介绍人。抗战爆发后，袁文彬和已担任新四军秘书长的李一氓曾共同战斗在皖南新四军军部。

5月，陈必贶、陈宝骢、孙鸿荣等同济医工大学三十多名在“反誓约书”斗争中被校方开除的学生南下广州。他们到达广州后，适逢国民党中央执委正在开会。国民党左派詹大悲和共产党人邓颖超代表国民党中央热情接待了同济医工大学的学生。他们对陈必贶、陈宝骢、孙鸿荣等同济学生说：“你们同济学生是硬汉子，是好青年，中央党部欢迎你们来广州，会妥善安排好你们的。”他们当即请来广东大学（今中山大学）代理校长褚民谊，交代他负责解决同济南下学生的转学和住宿问题。

早在4月份，国民党上海执行部就致电广州国民党中央，报告了同济医工大学学生“反誓约书”斗争的情况，很快得到了复电。电文高度赞扬了同济医工大学学生的斗争精神，并欢迎被校方开除的学生去广州转学或工作。学生公推陈必贶、陈宝骢、孙鸿荣为代表，作为第一批同学到广州联系安排住宿和落实转学。

“必贶！宝骢！”在国民政府大院内，一个穿着国民革命军军官服装、束着武装带的年轻人在喊他们，他们一下子愣住了。

“我是袁文彬，不认识啦？”袁文彬连忙迎上去。

“是你呀，文彬，我们当是谁呢！”

“你们什么时候到的？”

“我们刚到。”

“太好了！”

“文彬，还是你有眼光，早知这样，我们当初也和你一起报考黄埔军校。”

“现在来了也不迟。”

袁文彬做梦也没有想到离开同济医工大学不到一年时间，在广州又遇到了昔日的老同学、老校友。他们分外激动,紧紧拥抱在一起。士别三日,当刮目相看。同学、校友看到穿着笔挺的灰色国民革命军军官服装、束着武装带、佩着刀带、戴着大盖帽的袁文彬几乎认不出来了。只有他鼻梁上戴的那副圆边黑框眼镜是他们很熟悉的。他虽比先前黑了瘦了,但人却显得很有精神。袁文彬一身打扮威武英俊,令同学、校友十分羡慕,纷纷和他合影留念。袁文彬比他们早到广州,对各方面情况比较熟悉,他热情帮助他们安排生活。

老同学、老校友见了面有说不完的话,他们向袁文彬报告了自他离校后到现在学校发生的情况。学生会的吴鼎等五十多位同学在"反誓约书"斗争中被学校开除。他们都是学生会干部或班级的骨干,品学兼优,深受同学们的爱戴。陈必贶说:"我们也都是一起被开除的。"袁文彬对校长阮尚介勾结反动军警、通缉学生、压制学生爱国运动很气愤。他十分关心和他曾在学生会共过事的吴鼎、何同泽、詹大权等人的情况。陈必贶他们告诉袁文彬,吴鼎已回北京了,何同泽、詹大权他们下一批来广州。袁文彬告诉他的同学、校友,他已从黄埔军校第四期政治科提前毕业,现被分配在国民政府政治训练部搞宣传工作,即将参加北伐。

广东大学、岭南大学闻讯后,先后派出学生代表慰问陈必贶、陈宝骢、孙鸿荣等南下的同济学生。黄埔军校教育长、国民革命军总司令部政治部主任邓演达也从百忙之中抽出时间看望了南下的同济医工大学学生,并发表了热情洋溢的讲话,使大家深受鼓舞。

后来詹大权等同学进了广东大学继续读书,陈必贶、孙鸿荣等同学参加了国民革命军总司令部政治部或军政治部的工作,还有的进了黄埔军校第五期和中山医学院学习。

现在没有资料显示袁文彬当时在国民政府政治训练部的具体职务。李一氓在他的回忆录《模糊的荧屏》一书中,说他自己是宣传科科长,袁文彬是股级干部。他又说这里的科和下面的股,相当于现在所说的二部级的部处级。由此我们可推测袁文彬当时应该是处级校官。

北伐革命战争前夕,国民政府政治训练部改组为“国民革命军总司令部政治部”。第四期部分学生提前毕业参加北伐。李之龙、袁文彬和他的同济医工大学校友陈必贶都在总政治部宣传科负责宣传工作,郭沫若任科长,袁文彬任副科长兼文工团团长。科长郭沫若是中校军阶,副科长袁文彬应是少校军阶。袁文彬在《革命军报》上发表了大量的阐明北伐革命战争意义和向广大群众宣传教育的文章。

第五章　参加北伐　武汉入党

袁文彬在北伐军总司令部政治部结识了和他一样戴圆边黑框眼镜、比他年长9岁的大诗人郭沫若。

郭沫若后来在长篇抗战回忆录《洪波曲》中用浓墨重彩追记了他的亲密战友袁文彬及战地服务团的情况。

当时一身戎装的国民革命军总司令蒋介石在办公室内翻看《汉口民国日报》。袁文彬对校长蒋介石是很敬仰、很崇拜的。平时袁文彬只听过他的训示，零距离接触还是第一次。

1926年7月9日，这是在中国现代革命史上具有纪念意义的一天。

此时的南国广州早已骄阳似火，挥汗如雨。

国民革命军十万将士昂首挺立在烈日下的黄埔操场上誓师北伐。将士们衣衫早已湿透,身上的武器被晒得滚烫。

誓师大会由黄埔军校教育长方鼎英主持。邓演达任国民革命军总司令部政治部主任后,黄埔军校教育长由蒋介石在日本士官学校的同学方鼎英担任,他深得蒋介石的信任。北伐战争后方鼎英又代理黄埔军校校长、入伍生部部长。

在方鼎英宣读完先总理孙中山先生的遗嘱后,一身戎装、佩着刀带的国民革命军总司令蒋介石在麦克风前慷慨激昂地发表了著名的北伐誓师演说:

> "本军为继承先大元帅之遗志,贯彻国民革命之主张,基于国家与民族利益,以打倒军阀及反革命派……"

蒋介石演说完毕后,广场上立刻响起十万将士雷鸣般的掌声、风啸似的口号声,惊天动地,响遏行云。

"打倒军阀!"

"打倒帝国主义!"

"国民革命成功万岁!"

"北伐成功万岁!"

突然,天空中由远而近响起了马达的轰鸣声,人们仰起头,看到一架俄制飞机在空中散发着国民政府《告民众书》和国民革命军《北伐宣言》。

袁文彬与郭沫若、李一氓、李之龙等在北伐军总司令部政治部方阵列队参加了誓师大会。

誓师大会后,十万北伐大军兵分三路分别向盘踞在湖北、湖南的吴佩孚部和江西、福建、安徽、江苏及浙江的"五省联军"孙传芳部挺进。第一路由第四、七、八军进攻湖南、湖北,第四军(粤军)叶挺独立团担任先遣队;第二路由第二、三、六军挺进江西;第三路由第一军向福建、浙江进军。

袁文彬在北伐军总司令部政治部结识了和他一样戴圆边黑框

眼镜、比他年长9岁的大诗人郭沫若。他在同济医工大学时就曾拜读过这位闻名大江南北、特别是在青年中很有影响的创造社盟主的著名诗集《女神》、《星空》和他翻译的《少年维特之烦恼》，这些文学作品曾对他的思想进步产生过重要影响。他想不到现在就和如雷贯耳、仰慕已久的大诗人在一起工作，这让他感到十分荣幸。郭沫若和袁文彬一样，原来也是学医的。不过郭沫若留过洋，毕业于日本九州帝国大学医科，且取得了学士学位。

郭沫若回国后弃医从文，和郁达夫等部分创造社成员从上海来到广州。共产党人瞿秋白推荐郭沫若担任了广东大学文科学长（文学院长）。郭沫若在广东期间虽加入了国民党，但他接触更多的是中共人士。他刚到广州就在林伯渠家和毛泽东不期而遇，他应毛泽东之邀到广东农民运动讲习所讲过课。北伐革命战争爆发前夕，郭沫若又投笔从戎，任改组后的国民革命军总司令部政治部宣传科科长。

北伐革命战争爆发后，邓演达筹组总政治部。总政治部秘书长孙炳文向蒋介石、邓演达力荐郭沫若到总政治部工作。蒋介石任命郭沫若为北伐军总司令部政治部宣传科科长，中校军阶，还给了他一个行营秘书长的职位。可见国民革命军总司令蒋介石对投奔他的大文学家郭沫若是很赏识、很器重的。从那时起，郭沫若就和蒋介石结下了不解之缘。1927年3月，郭沫若发表了一篇著名的檄文《请看今日之蒋介石》而惹恼了蒋介石，蒋介石开除了郭沫若的国民党党籍，并下达了对郭沫若的通缉令。抗战爆发后，郭沫若从日本回国呼吁抗日，蒋介石取消了对郭沫若的通缉令。又委任他为刚成立的国民政府军事委员会政治部第三厅厅长，担负战时宣传的重任。

在总司令部政治部宣传科，郭沫若成了袁文彬的顶头上司。就在郭沫若到总政治部任职后一一拜访宣传科的同志时，他认识了文质彬彬的宣传科副科长袁文彬。

总政治部副秘书长李一氓把袁文彬介绍给他的四川老乡郭沫若："这位是宣传科副科长兼文工团团长袁文彬同志，毕业于黄埔军校第四期政治科。"

"你就叫袁文彬？"

袁文彬"啪"地立正敬礼："报告中校科长，卑职副科长兼文工团团长袁文彬向您报到！"

"我在《革命军报》上看过你写的文章，听说你还精通德文，不但会编戏导戏，而且会演戏，文武全才呀。"

"科长您过奖了。"

初次见面，浪漫主义大诗人郭沫若就十分赞赏他的搭档袁文彬的才华。袁文彬给他的上司郭沫若留下了很深的印象。后来他在北伐军总司令部政治部宣传科的突出表现更没有让郭沫若失望。所以在抗日战争初期成立第三战区左翼第十五集团军司令部战地文化服务团、国民政府军事委员会政治部第三厅时，郭沫若首先就想到了曾在北伐军总司令部政治部负责宣传工作的老部下袁文彬。他邀请袁文彬担任第三战区左翼第十五集团军司令部战地文化服务团团长。国民政府军事委员会政治部第三厅成立时，郭沫若又把他调入第三厅五处从事文字宣传工作。

从北伐军总司令部政治部宣传科起，到抗战时期在第三战区左翼第十五集团军司令部战地文化服务团、武汉卫戍区警备司令部政治工作大队和国民政府军事委员会政治部第三厅五处，袁文彬一直在郭沫若直接或间接领导下工作，并与郭沫若结下了深厚的情谊。他是郭沫若最亲密、最友好的战友之一。郭沫若后来在长篇抗战回忆录《洪波曲》中用浓墨重彩追记了他的亲密战友袁文彬及战地服务团的情况。

总政治部离开广东北上出发前，廖仲恺夫人、中央妇女部长何香凝为总政治部科长以上干部设宴饯行。参加宴会的科长由邓演达带队，另外还特别邀请了周恩来、邓颖超参加。身穿旗袍、剪着短发的何香凝即席发表了鼓励大家争取北伐战争胜利的讲话。

1926 年 7 月 21 日，郭沫若、李一氓、袁文彬等跟随总政治部离开广州，开始参加北伐革命战争。这个包括工作人员和役夫在内的千人左右的政治部，负有特殊的政治使命，如宣传、动员、组织、祝捷等多项工作。出发那天，赶来送行的创造社同仁们早就等候在黄沙车站，他们激动地挥舞彩旗向一身戎装、佩着刀带的郭沫若、李一氓、袁文彬等人高喊："等你们胜利归来！"郭沫若等站在车门外向他们挥手致意，雄赳赳地上了火车。

"打倒列强，打倒列强！除军阀，除军阀！国民革命成功，国民革命成功！齐欢唱，齐欢唱……"

在欢迎群众高唱雄壮的《北伐军军歌》（也叫《国民革命歌》）歌声中，火车喷吐着滚滚浓烟，载着北伐大军如滚滚洪流呼啸着向北挺进。火车到了粤北重镇韶关后，郭沫若带领总政治部人员下车开始步行，迅速追赶北伐军先遣部队第四军叶挺独立团（前身是"建国陆海军大元帅府铁甲车队"）。

早在 5 月，叶挺就率师 2 000 人从肇庆、新会出发，到达了广州，开始了出师北伐。北伐时，总政治部只给邓演达和俄国顾问备了两匹马，其余人都是步行。

当时粤汉铁路从韶关到株洲七八百里尚未通火车，在中共广东区委的领导下，广东省港罢工委员会组织了 3 000 人的运输队、宣传队、卫生队一起随军北上。

袁文彬和大家一起携手翻山越岭，一路带领大家高唱《北伐军军歌》，互相激励前进。他们沿途还要宣传和组织工农群众支援北伐。袁文彬跟随总政治部冒着酷暑和暴雨，差不多沿着今天的京广铁路线南端向北，一路翻越包括大庾岭（又叫梅岭）、南岭等在内的九座险峻的山岭后，终于到达了湖南衡阳。在徒步行军过程中，他们很少进入村庄或民房，都是露天宿营。到了衡阳后，他们乘坐木船沿北去的湘江击水长沙。那时的湘江很清澈，但水流不畅,浅滩很多,虽是顺流而下,木船行驶起来却时常搁浅,但比徒步行军省力多了。

总政治部人马坐船沿北去的湘江顺流而下,很快到达了长沙,他们就临时驻扎在旧时的省议会。邓演达命令将总政治部的工作人员分为先遣队和留守部,袁文彬和郭沫若、李一氓等被分在先遣队。留守部暂驻长沙,先遣队跟随叶挺独立团继续向武昌进发。

北伐军先遣部队第四军叶挺独立团、第七军顺利打下长沙后,一路突进到湖北咸宁,逼近武昌城。他们于 8 月 27 日攻克鄂南门户——通向武汉的两大著名铁桥之一的汀泗桥。汀泗桥西北端是一片很难通过的茫茫湖沼,东南端是易守难攻的崇山峻岭,乃兵家必争之地。1921 年军阀混战时,湖南军阀赵恒惕率几万人来攻武汉,在汀泗桥被吴佩孚打得大败而逃。

8 月 30 日,叶挺独立团再次攻克通向武汉的最后一道雄关——比汀泗桥更险峻的贺胜桥后,又分别攻占了汉口、汉阳。北伐军一举攻克汀泗桥和贺胜桥,占领了汉口、汉阳,标志着北洋军阀吴佩孚主力部队被消灭。

困守在武昌城内的吴佩孚听到汉口、汉阳相继失守的消息后,惊慌失措。他抹了一把额头冒出的冷汗,把两万人马交给武昌守城总司令刘玉春、湖北省督军陈嘉谟,下死命令叫他们一定要守住武昌,否则拿人头来见。自己则跨上战马带着随从,乘夜色降临悄悄溜出了武昌城,渡过波涛滚滚的长江后,匆匆忙忙跑往河南信阳去了。

9 月 6 日,北伐军总司令部政治部将办公地点搬到了位于汉口的南洋兄弟烟草公司大楼。

这时,叶挺率领的独立团如滚滚铁流,势不可挡,攻克汉口、汉阳后,一路突进,兵临武昌城下。武昌是长江中下游重镇,有“九省通衢”之称。元朝末年,朱元璋和陈友谅曾在这里为争夺天下展开鏖战。中国近代史上,武昌城曾发生了两件大事。一是 1853 年 1

月 12 日，势如破竹的太平天国军一举攻克当时长江中游的政治、军事重镇——湖北省会武昌，大清湖北巡抚常大淳败死，令清廷大为震惊。二是 1911 年 10 月 10 日，以武昌起义为标志的辛亥革命在这里打响了中国民主革命第一枪。

邓演达命令郭沫若带领总政治部先遣队紧跟叶挺独立团而上。总政治部临时办公地点设在南湖的文科大学，即后来的国民革命军中央军事政治学校。

在攻占武昌前夕，由邓演达提议，蒋介石"准委郭沫若为副主任"，军衔从中校晋升中将。邓演达身兼国民革命军总司令部政治部主任、湖北省政府主席、武汉行营主任数职，军政事务繁忙，政治部的工作顾不上问，实际由副主任郭沫若主持。翻开郭沫若的小说《骑士》，从中可以看到他在武汉总政治部工作时的若干情况。书中担任军事委员会政治部代主任的马杰民实际就是郭沫若自己的影子。

第四军及叶挺独立团已把武昌铁桶般紧紧围了起来，其他部队都被调到了江西前线。刘玉春、陈嘉谟企图负隅顽抗。部队攻城需大量云梯，国民革命军没有工兵队，只好把政治部当做临时工兵队。郭沫若、袁文彬等刚写好标语、拟就传单，就接到通知到民间征集梯子和麻绳。梯子两块钱一架，由政治部发给代征券，被征集的人家凭代征券到政治部领取报酬。老百姓见到当兵的就害怕，看见袁文彬他们来了，吓得把门紧紧关上，说没有梯子。怎么敲门，都不开。有人急了，抬起脚就要踹，被袁文彬制止了。他站在门外耐心地对群众进行宣传，诚恳地说："老乡，我们是南军，和北军不一样，我们来就是打倒北洋反动军阀、废除苛捐杂税的。"过了一会儿，老百姓才慢慢地把门开了一道缝，见这支南军和原来凶恶的北军确实不一样，不打人、不骂人，也不抢东西。才把门打开，说："进来吧。"然后自愿把家里的梯子搬了出来。按规定要发给百姓代征券，尽管老百姓不肯要，但袁文彬还是塞给了他们。

梯子和麻绳征集来后,全部堆放在文科大学操场上。郭沫若、李一氓、袁文彬等政治部工作人员一道把梯子用绳子绑了连接起来。梯长的两架扎成一架,梯短的三架扎成一架,扎好了便抬到学校门外去堆放着。

10月10日"双十节"(1911年10月10日武昌起义或辛亥革命纪念日)那天,天气已经凉了。总政治部组织十万群众在汉口北郊华商跑马场举行盛大的国庆纪念活动,突然传来了激动人心的消息:武昌城被铁军叶挺独立团攻占,守将刘玉春、陈嘉谟被活捉。北伐军第四军叶挺独立团将士率先登上了武昌城楼,一脚踢倒了象征北洋军阀的五色国旗,把高高飘扬的北伐军旗插上了武昌城头。

参加"双十节"纪念活动的十万工人、农民、学生、士兵和商人一时轰动起来,他们激动地脱帽、摇旗、呐喊。汉口沸腾了,一下子成了旗帜、歌声和口号的海洋。到处是飞扬的团体旗、党旗、国旗,到处是嘹亮的《国际歌》、《少年先锋歌》、《国民革命歌》的歌声和高呼的口号声。

袁文彬等总政治部的同志们欢欣鼓舞,立刻散发早已准备好的传单,到街头张贴庆祝标语。纪念会很快变成了盛大的群众游行,热烈庆祝武汉三镇胜利光复。

叶挺很快被提升为第四军第二十师师长兼武汉卫戍区司令。他下令在武昌洪山东麓建立了国民革命军第四军独立团北伐攻城阵亡官兵烈士墓,永远纪念长眠在这里的革命烈士。

武汉各界群众组织了盛大的欢迎队伍,他们挥舞各种旗帜,高呼口号,高唱嘹亮的《少年先锋歌》、《国民革命歌》。邓演达、郭沫若率领北伐军总政治部先遣队跟随叶挺攻城部队,走在夹道欢迎的群众队伍中,从中和门威武地进入武昌城。

这样,总政治部办公地点分别由汉口南洋兄弟烟草公司和南湖文科大学迁到了武昌城内旧省议会、原北伐军第四军军部里面。

中国国民党武汉特别市(直辖市)党部(与国民党湖北省党部并列,直属国共两党临时中央领导)妇女部派张笃和到长沙迎接由湖南进入湖北的国民革命军。袁文彬代表总政治部和武汉特别市党部妇女部交际组的赵畹华,代表武汉各界到南昌迎接统率北伐中路军的国民革命军总司令蒋介石,来武昌参加武汉三镇光复庆祝大会。

袁文彬摘下军帽,托在左手,他整了整衣领,来到了蒋介石设在南昌的总司令部办公室。蒋介石身后墙上挂着国旗、党旗,中间是孙中山像。

"报告校长,总司令部政治部学生袁文彬前来迎接校长前往武昌。"

当时一身戎装的国民革命军总司令蒋介石,在办公室内翻看《汉口民国日报》(共产党创办的第一份大型日报)。袁文彬对校长蒋介石是很敬仰、很崇拜的。平时袁文彬只听过他的训示,零距离接触还是第一次。

"你是黄埔哪期的?"

蒋介石放下报纸,打量着面生的袁文彬。

"报告校长,学生毕业于政治科第四期。"

蒋介石一听说政治科,脸上没有任何表情,喉咙里"嗯"了一声。他认为政治科和共产党是画等号的。他因此结识了总政治部文工团团长袁文彬。自然,在蒋介石的眼中,袁文彬还没有文工团副团长、曾任中山舰舰长的李之龙名气大。

袁文彬和赵畹华陪同蒋介石及随从在卫士的护卫下,登上了开往武昌的火车。专列拉响汽笛,喷吐着滚滚浓烟向武昌开去。

武汉各界举行了三天三夜军民联欢,龟蛇上下,黄鹤楼上,江汉关前,长江两岸,到处是嘹亮的歌声、口号声,还有露天演讲和戏剧演出,热烈庆祝武昌城解放。

武汉三镇妇女协会和北伐军总政治部文工团联合举行了庆祝

武昌城解放的文艺演出大会。武汉三镇妇女协会表演了一出她们自己创作的宣传妇女放足的三人独幕剧。编剧是武汉三镇妇女协会的梁剑华，导演实际就是北伐军总政治部文工团团长袁文彬。妇协的汪华贞饰演恶婆婆、张笃和饰演隔壁阿姨，长得瘦小纤弱却有一双会说话的美丽大眼睛的黄定慧饰演裹足的童养媳。

黄定慧又名慕兰、彰定、淑仪，出生湘中浏阳名门。她的父亲黄颖初和谭嗣同是著名戏剧家欧阳予倩祖父的得意门生。黄定慧毕业于湖南长沙著名的周南女子师范学校，与向警予、蔡畅、杨开慧、丁玲同为校友。后来她逃婚来到了当时的武汉革命中心，剪掉长发，经湖北省团委组织部部长李子芬介绍，参加了革命。她当上了中国国民党武汉特别市党部妇女部部长杜韫章的秘书后，开始改名慕兰。在妇女部，黄定慧结识了后来成为她丈夫的《汉口民国日报》总编辑、中国国民党武汉特别市党部执行委员兼宣传部部长宛希俨。

当时 19 岁的黄定慧兼任女子放足运动委员会主任委员，由她扮演放足的童养媳再合适不过了。黄定慧虽然平时也喜欢看话剧，但上台演出却是大姑娘坐轿第一次。首次登台演戏的黄定慧没有舞台经验，在众目睽睽之下未免有些紧张。

经过袁文彬的积极鼓励和悉心指导，黄定慧把一个受恶婆婆虐待的童养媳由裹足到大胆放足的过程表演得活灵活现。她饰演的角色受到了观众们的同情和欢迎，赢得了参加文艺联欢会的国共两党临时中央负责人及郭沫若、茅盾等广大军民的热烈掌声。

舞台上漂亮活泼、瘦小纤弱的黄定慧很快吸引了郭沫若、茅盾两位大文豪的眼球。这时候，他们结识了进步青年女性黄定慧，并成了朋友。后来这两位文学大家都以黄定慧为原型写进了文学作品中。郭沫若的“生平最得意之作”、长篇小说《骑士》（原名《同志爱》）中的女主人公金佩秋，茅盾的小说《蚀》中的浪漫女性都是以黄定慧为原型的。

那女子是他（即《骑士》中政治部代主任马杰民，郭沫若的原型——本文作者注）所不认识的。身子很纤小，穿着一件草色的湖绸的旗袍，套着玄青的华丝葛的长坎肩；脚上也是一双绿色帆布的胶皮鞋子。小巧的头上分梳着短发；脸色有些苍白，有些兴奋，从那一双敏活的明眸里泄漏出一片伶俐的精锐。

这便是大文豪郭沫若笔下金佩秋的原型黄定慧的靓丽形象。

"定慧，你表演得很成功，祝贺你！"

黄定慧在观众们一片哗哗的掌声中溜下了台，袁文彬连忙迎上去，握住她的手，向她表示热烈祝贺。

"感谢袁团长，是你导演得好，我紧张死了。"

黄定慧下台后还有些紧张，脸红扑扑的，吐了吐舌头。

袁文彬因此结识了时任中国国民党武汉特别市党部妇女部秘书（后来担任妇女部部长）兼《汉口民国日报》妇女副刊编辑的黄定慧，及后来成为黄定慧丈夫的中央军委机要处秘书主任兼《汉口民国日报》总编辑宛希俨，并与他们结下了深厚的情谊。

后来，黄定慧在她长达三十多万字的回忆录《黄慕兰自传》一书中，多处写到了曾指导她登台演过戏的北伐战友袁文彬，特别是在文中"桑榆晚晴·忠实见证"一节，用较多笔墨回忆了袁文彬的历史及其家庭情况。

20世纪80年代初，担任上海市政府参事的黄定慧在给同济大学屠听泉、刘作民的信中回忆了北伐时和袁文彬在武汉的情况，她深情地写道：

在我的脑海里印象最深的，是妇女协会与血花剧团合作演出。我平生只上台演过一次独幕剧，是文彬同志等于导演，在排练与演出时均悉心帮助的。我与茅盾、郭老文坛老将们认识，都是北伐在武汉时，亦即我与文彬在戏剧界有密切工作关系的历史渊源……文彬同志不仅文质彬彬，的确文武全才，可惜牺牲得太早……当年周总理、郭老、陈毅等同志均极赞赏他的才华的啊！

11 月 11 日，即孙中山先生诞辰 60 周年纪念日的前一天，由中国共产主义青年团湖北省委提名，袁文彬等积极申请，经中共驻武汉国民党中央代表兼《汉口民国日报》社社长董必武与吴玉章批准，国民党中央妇女部部长何香凝的秘书邓颖超介绍，袁文彬由中国共产主义青年团团员转为一名中国共产党党员。他终于在鲜红的党旗下，庄严地举起了拳头，实现了他学生时代就为之不懈追求和奋斗的梦想。

当时与袁文彬一起由共青团员转为共产党员的还有黄定慧、北伐军第十五军副军长、后来与张笃和结婚的耿丹。宛希俨告诉袁文彬，他是 1923 年在东南大学入党的，介绍人是恽代英、侯绍裘。袁文彬说，他从同济医工大学报考黄埔军校也是他们两人推荐的。

大革命失败后，年仅 25 岁、已担任中共江西省委常委、宣传部部长兼赣西南地区特委书记的宛希俨在领导万安县农民暴动中不幸壮烈牺牲。

不久，党中央安排时任中共江西省委秘书兼机要交通员的黄定慧到上海工作，让她担任中共中央政治局书记处秘书兼机要交通员，和潜伏上海商务印书馆编译所的袁文彬等一起从事地下工作。

黄定慧后来曾被周恩来称为“我党的一部百科全书”。中共特科科长陈赓曾对特科重要成员黄定慧的二儿子说过，“慕兰的一生是中国革命曲折的反映”。黄定慧作为党的地下工作者，她的名字曾出现在毛毛（邓榕）著《我的父亲邓小平》一书中。她曾成功营救过中央政治局候补委员、中央军委常委关向应，并曾把向忠发叛变的消息及时通知周恩来等中央领导，从而避免了党的灾难性损失。她传奇惊险的地下工作经历，使她成为风靡一时的谍战电影《风声》中女主人公的原型之一。

这位谍战传奇女英雄——黄定慧老人今年已 104 岁，她和两位保姆隐居在美丽的西子湖畔一个普通的居民楼里安度晚年。

叶挺独立团攻克武昌后又奉命挥师南下江西，以秋风扫落叶之势一举攻克了九江，很快光复了蒋介石统率北伐中路军久攻不下的南昌。自此湖北、江西两省战事宣告结束。总政治部与武汉各团体联合举行隆重而庄严的阵亡烈士追悼大会，袁文彬等总政治部的同志忙碌地准备追悼大会的各项工作。北伐军总司令蒋介石在南昌，没有参加追悼大会。总政治部副主任郭沫若代他写了一副挽联：“嗟尔忠魂，恢宏党国；存吾浩气，涤荡河山。”邓演达代表蒋介石在阵亡烈士追悼大会上发表了重要讲话。

北伐军攻克九江、南昌后，蒋介石在南昌设立了总司令部行营，他要求郭沫若在南昌设立总政治部分部。当时总司令部、总政治部一个在南昌、一个在武汉，给工作带来很多不便。折中的解决办法是，武汉总政治部不动，在南昌再设一个小总政治部，与南昌总司令部在一起。郭沫若接到通知后，带领李一氓、袁文彬、陈必贶、辛焕文等总政治部人员一起从武汉乘船出发，经九江来到了南昌，在位于东湖畔的百花洲江西总商会，设立了北伐军总司令部政治部南昌分部。总政治部副主任郭沫若兼任分部主任，随同总司令主持总政治部的工作，并与季方率领的一部分总政人员合并在一起。李一氓任总政治部南昌分部秘书长，袁文彬任社会股长，辛焕文任党务股长，陈必贶任组织股长，潘汉年任宣传股长，主编《革命军日报》。季方到北伐军东路军工作。

早在 11 月初，北伐军攻克九江的消息传到汉口后，总政治部主任邓演达就打电话给武昌的副主任郭沫若，要他做好准备到九江去。邓演达对郭沫若说：“九江已被攻下了，南昌不日便会光复，江西方面的政治工作异常吃紧，非你去主持不可。”

郭沫若接到命令后，很快做好了去九江的准备。他从总政治部挑选了六名能干而必要的同志和他同去九江，其中有李一氓、袁文彬、辛汉文、陈必贶等人。南昌光复以后，他们又随北伐军总司令蒋介石从九江到了南昌，成立了总政治部南昌分部。

郭沫若组建总政治部南昌分部后，决定以总政治部的名义创办一份小报，定名为《革命军日报》。由谁来主编呢？郭沫若首先想到了创造社的成员、在上海主编《十字街头》杂志的潘汉年，邀他来南昌主编《革命军日报》。潘汉年接到郭沫若的邀请信后，立即向地下党组织作了汇报，党同意他去南昌工作。于是潘汉年携带组织介绍信，从上海乘船来到了南昌。他脱去西装，换上了新的国民革命军军服，当上了北伐军总政治部南昌分部宣传股股长。这是1927年2月中旬的事。用潘汉年自己的话说，叫做“置身营幕、军书旁午”。这是袁文彬第一次结识创造社的江苏老乡潘汉年，并与他在总政治部南昌分部一起工作。

这个被称为小总政的南昌分部编制比武汉总政治部小，级别低一级。武汉总政治部有科股两级，而南昌总政治部只有股没有科。南昌总政分部主管范围主要就是江西，包括国民革命军谭延闿部，鲁涤平代军长，李富春任党代表兼政治部主任；第三军朱培德部，朱克靖任党代表兼政治部主任；第六军程潜部，林伯渠任党代表兼政治部主任。

总政治部南昌分部成立后，全体政工人员合了影。这张流传甚广的照片后来曾出现在《模糊的荧屏——李一氓回忆录》、《郭沫若评传》等书里。

在南昌总政分部，袁文彬结识了川军二十军党代表朱德和曾任广东国民政府俄国高等顾问鲍罗廷的翻译、随广东国民政府迁都武汉的国民党中央执委兼军人部宣传科主任朱其华。朱其华在黄埔军校政治部工作过，曾任第四军政治部宣传科科长，参加过北伐战争。全国抗战爆发后，朱其华在西安国民党中央军校第七分校任少将政治总教官，与叶青共事，主编《抗战与文化》。

这个时期江西基本没有军事行动，部队只是处于戒备状态。

1926 年除夕，蒋介石在设在旧督军公署的总司令部餐厅专门设宴招待了总政治部南昌分部校官以上干部，郭沫若、李一氓、袁文彬等都在座。

1927 年春，北伐时期部分政治工作人员在南昌合影：国民革命军总政治部副主任兼南昌分部主任郭沫若（前左二）、第二军党代表李富春（前右一）、第三军党代表朱克靖（前右二）、第六军党代表林伯渠（后左三）、总政治部南昌分部秘书长李一氓（后左二）、总政治部南昌分部社会股股长袁文彬（后左四）。

（照片来源于李一氓著《模糊的荧屏——李一氓回忆录》）

1927 年 1 月 21 日，是列宁逝世两周年纪念日，纪念大会在南昌公共体育场举行，郭沫若、袁文彬等总政分部领导参加了纪念大会。朱其华在主席台上遇到了诗人政治家郭沫若，他和郭沫若初次见面即由袁文彬介绍。郭沫若主动站起来与朱其华亲切握手。朱其华觉得眼前戴着圆边黑框眼镜的文弱的郭沫若有点书生气，不像一般人所说的那样傲气，搭官架子。

3 月 21 日，北伐军东路军白崇禧部占领了上海。侯绍裘代表国民党江苏省党部主持召开了欢迎北伐军将士大会，并致欢迎词。没有想到 20 天后，担任中共江苏省委党团书记、国民党江苏省党部负责人的侯绍裘在南京却惨遭国民党反动派杀害。

22 日，武汉国民政府给跟随蒋介石到安庆的郭沫若发来电报，要他迅速到上海组建政治部分部。早在 3 月 19 日，郭沫若率领李一氓、袁文彬等总政治部人员随蒋介石从南昌经九江来到了安徽安庆，总政治部设在安庆第一中学校内。郭沫若命令李一氓带领总政治部先遣队袁文彬（李一氓在回忆录中说，袁文彬是松江人、上海同文书院的学生，把他当成了袁文彬的弟弟袁文彰）等 30 人由安庆乘船沿江东下，先到南京。此时，南京已被北伐军第六军攻克。先遣队大多数人对南京、上海比较熟悉，方便开展工作。李一氓、袁文彬等到南京后，遇到了第六军程潜、林伯渠，他们也要去上海，有一辆专车。李一氓想办法在他们的专车上加挂了一辆二等客车，把先遣队的同志全部带到了上海。

李一氓、袁文彬很快找到了在上海主持中央军事工作的负责人周恩来。这是他们离开国民政府政治训练部参加北伐革命战争后，第一次遇到黄埔军校政治部的老领导周恩来，格外激动。他们参加北伐后，周恩来从广州来到上海领导了工人武装起义，迎接北伐军进入上海。李一氓、袁文彬向周恩来报告了总政治部的这次行动安排。他们是先遣队，不久郭沫若率本部赶到。周恩来热情地握着他们的手说：“欢迎，欢迎你们来到上海。”

总政治部上海分部办公地点就设在西门斜桥路 164 号、上海高昌庙制造局路的一幢大房子里。他们连日在上海各大报纸上发表通告，并附有一个电话号码。

袁文彬和先遣队的同志们到上海后做了两件事，一是在上海各大报纸上以广告形式登载署名“总政治部”的标语，譬如，“建设革命的新上海”、“打倒帝国主义”、“肃清奉系军阀”、“铲除封建势力”等。二是召集到沪部队到总政治部开会，组织欢迎国民政府主席汪精卫的工作。从第五天开始，署名改为“中央军委总政治部”。意思很明显，因为单提总政治部，应属于国民革命军总司令部，现加上中央军委，那么总政治部就属于中国国民党中央军事委员会，摆脱了执掌北伐帅印的蒋介石。标语又是欢迎国民政府主席汪精卫复职。这自然惹恼了国民革命军总司令蒋介石。后来这些署名和标语成了蒋介石查封总政治部的理由。

这时，邓演达在武汉频频催促安庆的郭沫若到总政治部上海分部迅速开展工作。郭沫若在由南京去上海的途中，从报纸上得到消息：派往上海工作的北伐军总政治部先遣队已到达目的地，并在报纸上公布了《中国国民党中央军事委员会总政治部上海分部通告》，表明该分部已正式成立。

第六章 隐姓埋名 潜伏上海

当时，周恩来在湖州会馆工人纠察队队部，召集到沪各军全体中共党员开会，总政治部的李一氓、袁文彬等党员都去参加了会议。会议的内容是研究当前的政治形势和部队里同志应该怎样工作。会议从下午 3 点开始，6 点多才结束。当会议进行到 4 点左右的时候，突然咚咚地响起了急促的敲门声，大家都警觉起来。

周淑贞当时只知道袁文彬在总政治部工作，开始并不知道他的真实身份。结婚八年后，她才知道丈夫是共产党员。

在上海，袁文彬完成了他人生中的一件大事。

一天，李一氓关心地问袁文彬："志远，你今年多大啦？"

“不好意思，志远痴长二十六。”

“男大当婚，你该成家了。”

“和谁成家？”

“莫急，我马上给你介绍一位大小姐，人家知书达礼，毕业于上海女子中学，精通英语，比你小 5 岁，和你结合绝对是珠联璧合，才子配佳人。”

“可人家愿意吗？”袁文彬有点信心不足。

“你放心，这个包在我身上，到时你请我喝喜酒。”李一氓拍了胸脯。

“好呀！”

李一氓把他的四川老乡、大家闺秀周淑贞介绍给了袁文彬。

这位大家闺秀名叫周植康，这个名字似乎没有淑女味道，乍一听还以为是个男的。后来，做过清朝进士的父亲拿起毛笔一画，干脆把她改名为“淑贞”。周淑贞毕业于上海沪西私立务本女子中学，英语很好。她兄弟姐妹四人，上有两个哥哥，下有一个妹妹，叫周植永。

李一氓在回忆录《模糊的荧屏》一书中提到的“席文光”便是周植永的丈夫。他和李一氓是好朋友。大革命失败后，李一氓曾住在席文光家中，他们之间来往密切。新中国成立后，席文光曾任全国政协委员、上海市工商联合会副主任委员。

周淑贞的父亲便是大名鼎鼎的爱国民主人士、上海实业家、民生轮船公司董事长周善培先生。讨袁护国战争结束后，他做过大总统黎元洪的顾问。周善培原籍浙江诸暨，后随父迁到四川定居。他留学日本期间，与梁启超过往甚密，开始接受维新思想。他还是中国警政的先躯。四川作家李劼人在长篇小说《大波》中写到的“周秃子”便是他。他是四川省剪辫子的第一人。周善培又是川江航运前辈，与“船王”卢作孚交情深厚。新中国成立后，他曾力劝卢作孚及其船队从香港回归祖国，功不可没。周善培的书法颇有名气，成都杜甫草堂内现存的青花草堂影壁上的“草堂”二字就出自周善培之手。

新中国成立之初，毛泽东曾邀请周善培、张元济两位清朝进士到中南海商量国是，并共进晚餐。时任华东军区司令员、上海市市长陈毅作陪。中国共产党的领袖毛泽东邀请周善培同桌吃饭，让这位清王朝的进士激动不已。他回来后曾对袁文彬的长子、外孙袁振东连连感叹说：“毛先生了不起！毛先生太伟大了！”

从此，周善培彻底改变了对女婿袁文彬所选择的道路的看法，实际上是改变了对中国共产党的看法。他对袁文彬的子女刮目相看。老人特别喜欢袁文彬的大儿子袁振东，可能是因为大外孙某些方面更像他的女婿袁文彬。

周善培还专门写了一幅字送给袁振东：“继志续事。”当时袁振东在新疆当兵，正值修建兰新铁路。83岁高龄的周善培老人对袁振东说：“等兰新铁路一通车，我第一个坐火车去新疆看望你。”可就在兰新铁路通车前夕，老人却突然离开了人世。没有能去新疆看大外孙成了老人生前的一件憾事。老人生前还有一大憾事，就是没有能够营救出女婿袁文彬，这使他常常感到愧疚。

周善培生前著有《周易杂卦正解》等书，新中国成立后，曾任全国政协委员、上海市文史研究馆副馆长。

这天，李一氓陪同袁文彬来到周善培府第做客。

周善培对一身戎装、佩着刀带、威武英俊而戴着圆边黑框眼镜、彬彬有礼的袁文彬自然十分满意，连连点头。

“给客人续茶。”周善培命道。

佣人小心翼翼地给贵客李一氓、袁文彬斟上茶。

“两位请。”周善培端起茶杯。

“令爱淑贞在家吗？”李一氓呷了一口茶，搁下茶杯问。

“在，叫淑贞出来！”周善培对佣人命道。

佣人连忙“咚咚”地急冲冲上楼。

袁文彬端着茶杯注视着楼梯口，在等他的心上人下楼。他的心早已怦怦乱跳了。

没过多久，打扮一新的周淑贞扶着楼梯款款下楼。

李一氓立起向周淑贞介绍："淑贞，您好，这位是我的同事，黄埔军校第四期毕业生，国民革命军总政治部上海分部袁文彬先生。"

"你好！"

袁文彬慌乱地放下手中的茶杯，水不小心溢了出来。他连忙立起敬礼，与周淑贞微微颔首。他的脸早已红了。

周淑贞一身学生打扮，剪着短发，戴着那个时代流行的圆边黑框眼镜，穿着斜襟褂、长裙，黑色圆口布鞋。看上去，显得清秀而文静。当她柔情似水的目光和袁文彬对视时，心里像揣了只兔子，"咚咚"跳得厉害，她害羞地低下了头，白皙的脸上顿时飞起两瓣滚烫的红晕，粉若艳丽的桃花。

这门亲事在周善培的点头下就确定了下来。

戴着时髦的圆边金丝眼镜、一身西装打扮的袁文彬和身穿斜襟学生装的周淑贞拍了结婚照。这张照片我们现在还可以看到。

戴着时髦的圆边金丝眼镜、一身西装打扮的袁文彬和身穿斜襟学生装的周淑贞拍了结婚照。

不久，由李一氓证婚，

袁文彬和周淑贞举行了简朴而热烈的婚礼。当时上海滩很多名流达贵都来参加。

这时黄浦江上空彤云密布，一场腥风血雨正席卷黄浦江畔。1927 年 4 月 12 日，蒋介石发动了四一二反革命政变，向共产党人和革命志士举起了屠刀。国民革命军总政治部上海分部遭到了白崇禧部的查封，他们逮捕了 19 名总政治部工作人员，并下令通缉总政治部副主任郭沫若。幸好当时李一氓、袁文彬等因外出开会而免遭不幸。

当时，周恩来在湖州会馆工人纠察队队部，召集到沪各军全体中共党员开会，总政治部的李一氓、袁文彬等党员都去参加会议。会议的主要内容是研究当前的政治形势和部队里同志应该怎样开展工作。会议从下午 3 点开始，6 点多才结束。当会议进行到 4 点左右的时候，突然，咚咚地响起了急促的敲门声，大家把目光聚向了大门，都警觉起来。周恩来示意去开门，原来是北伐东路军前敌指挥部我方同志，他急匆匆前来向周恩来报告：前敌总指挥部有一个可疑行动，他们派出一个连，分乘四辆汽车，全副武装，匆匆离开指挥部，去向不明，可能是要抓什么人。

周恩来默想了一会儿，判断说："他们可能是去两个地方，一是什么地方，我不告诉你们；二是你们那里。"他说"你们"的时候，很严肃地用手指了指李一氓和袁文彬。周恩来对那个同志说："你这个情况报告得很及时，你立即回白崇禧部，如有新的情况，马上来报告。"

"是！"那个同志走后，会议又继续开下去。

散会时已 6 点多钟，夜幕开始降临上海滩。临别，周恩来特别交待李一氓、袁文彬等总政治部人员："你们回去千万要小心，不排除他们到 164 号抓人。"

"我们知道了。"李一氓、袁文彬连连点头。

湖州会馆离制造局路总政办公地点不远。李一氓、袁文彬等都是步行回去的。他们把人员分为四组，每组两三个人，相互保持十几步、二十步的距离。并且约定，第一组将到164号大门时，要十分注意，先不要进去，通过大门前面，看大门里有无异常情况，如发现情况迅速报告。

袁文彬等第一组人员将到制造局路门口时，发现大门前果然停着汽车，大门电灯已全部打开。他们都停下来，断定总政治部已出问题，大家都不要再进去。所有人员全部撤回，并决定立即转移到租界。李一氓找到了四川老乡、袁文彬的连襟、在华美燃业银行当职员的席文光，就住到了他家。袁文彬回到了岳父周善培家。其余同志有的借亲朋好友处住一宿，没有办法的暂时先去住旅馆。

第二天一早，上海滩最早的日报《申报》在头版刊登了醒目的标题"总政治部昨日被封"。

"几天之后，他（潘汉年——本文作者注）在袁文彬负责安置的联络点，找到了李一氓等人，接上了组织关系，立即请求应变的对策和下一步的工作。"

这段文字摘自张云著《潘汉年传奇》一书，也是书中仅有的潘汉年与袁文彬交往的文字，是目前见到的大革命失败后潘汉年与袁文彬在上海地下交往的最早的记录。新中国成立后，潘汉年被污蔑为"内奸"、"反革命"时，袁文彬烈士受到牵连，也被污蔑为"叛徒"。他在上海江湾的墓碑被红卫兵砸烂，墓遭到摧毁。这是后话。

早在4月初，潘汉年就随总政治部大队人马乘国民革命军第六军程潜的军舰，沿九江东下，乘风破浪，经过安庆，10日到了南京。这时蒋介石反共的调子越唱越高，上海方面也传出了越来越坏的消息。总政治部党组织决定先让潘汉年赴沪探听虚实。他脱下军装，换上了西服。他平时不喜欢穿长袍马褂，也不喜欢穿被人指责为"赤化"的中山装。他一副"小开"模样，乘火车来到了上海。

潘汉年先来到宝山路创造社出版部，找到了“小伙计”叶灵凤、柯仲平等人，了解到上海政局正处在动荡之中。同日，他又到南市总政治部临时驻地联系。第二天蒋介石便派白崇禧部袭击了上海工人纠察队并占领了上海总工会，被杀害的工人纠察队人员有 120 人，伤 180 人，制造了骇人听闻的四一二反革命政变。

于是，才有了几天之后潘汉年在袁文彬负责安置的联络点，找到了李一氓等人的情况。

郭沫若和辛焕文从九江经过南京，到了苏州。郭沫若没有直接去上海，蒋介石已对他下了通缉令。郭沫若先派辛焕文到上海找到了李一氓，李一氓告诉辛焕文上海发生政变的情况，决定把郭沫若安置在比较安全的静安寺路沧州饭店。

辛焕文把郭沫若秘密接到上海时已是 4 月 14 日，空气中仍弥漫着血腥的气味。街头电线杆上悬挂着共产党人的头颅。郭沫若连忙写信给上海美专校长刘海粟，请他设法营救总政治部被捕的同志。后来才知道那些遭逮捕的总政治部的同志都是非中共工作人员，没有一个共产党人，被关了不到一个月，都被释放了。他们没有抓到总政治部里的中共党员，是因为总政治部中的共产党员正巧都被周恩来召集到湖州会馆开会，才躲过了一劫。

郭沫若脱下军装，换上长衫，打扮成绅士模样，混杂在人群中闪进内山书店，与李一氓、袁文彬很快接上头。当晚，周恩来在沧州饭店会见了郭沫若等一行。郭沫若向周恩来提出要求武汉国民政府出兵东下，趁蒋介石立足未稳，先讨伐蒋介石，成功后，再第二次北伐奉系军阀，和周恩来的意见一致。遗憾的是当时武汉国民政府没有采纳他们的建议，又一次丧失了讨蒋的机会。周恩来向郭沫若一行介绍了上海的情况，觉得这里已没有可以公开工作的余地，大家没有必要再住在上海了。在征得周恩来同意后，总政治部的同志决定次日离开上海回武汉。

当时,上海的车站、码头,布满了国民党反动派的"鹰犬",盘查很严,几乎每天都有上下车船的革命者或无辜的乘客被捕,即使外轮也不安全。袁文彬携带新婚妻子周淑贞离开上海,同行的还有穿蓝绸长衫、戴圆边金丝眼镜、化妆成贩卖猪鬃的商人的杨贤江和手提皮箱、伙计打扮的商务印书馆的陆立之。他们压低帽檐,躲过了国民党密探的盯梢,登上了开往武汉的英商轮船离开上海,到武汉国民政府所属的国民革命军总政治部报到。一直到第二天轮船过了九江,驶入武汉地界,大家悬着的心才放下来。他们走出沉闷的船舱,来到甲板上,迎着江面上吹来的凉风,伸展胳膊,呼吸新鲜的空气。

袁文彬到武汉后,又见到了已担任国民革命军总政治部秘书长的恽代英。不久,周恩来也从上海到了武汉。袁文彬、周淑贞夫妇和瞿秋白、杨之华夫妇,周恩来、邓颖超夫妇及郭沫若、李一氓都住在汉口英租界的一个大院里。

周淑贞当时只知道袁文彬在总政治部整天忙碌,开始并不知道他的真实身份。结婚 8 年后,周淑贞才知道袁文彬是共产党员。

7 月 15 日,汪精卫在武汉悍然召开"分共"会议,公开背叛孙中山所制定的国共合作政策和反帝反封建的革命纲领。下旬,李一氓、袁文彬等随郭沫若总政治部机关一行人,乘轮船从武汉到达九江。原来他们打算共赴南昌参加武装起义,不料受到汪精卫派系将领张发奎的阻挠,他声明只接收总政治部的郭沫若、李一氓及阳翰笙、梅龚彬等人,对于总政治部的其他人员他一概不问。潘汉年、袁文彬等总政治部中的中共党员无法去南昌了。中共总政治部党组织决定,把总政治部里的党员全部撤出来送回上海向党中央报到,并由潘汉年担任返回上海同志的领队。总政治部里的非中共党员全部交给了张发奎。

潘汉年回到阔别的上海后,很快找到了叶灵凤他们。他又重操旧业,在"听车楼"上继续主编他的杂志《十字街头》。

南昌起义以后，李一氓、阳翰笙应郭沫若的要求也回到上海，在创造社编辑刊物《流沙》。他们与潘汉年同在一个党小组。

1927 年 7 月，袁文彬脱下了国民革命军军装，换上一袭长衫，又回到了上海。

此时，白色恐怖依然笼罩着上海。荷枪实弹的国民党军警与外国巡捕在街头巡逻，搜捕共产党人的军警车不时呼啸而过。中共江苏省委书记陈延年及代理省委书记赵世炎相继被捕、遇难。

袁文彬和妻子周淑贞在国民党反动军警最猖狂的时候潜回上海。由于袁文彬家在上海，他又精通德文，受党组织派遣，化名袁持中，潜伏于宝山路上海商务印书馆编译所德文部，以翻译身份作掩护，与武汉革命同志保持联系，做党分派的工作。在河南路商务印书馆发行所，袁文彬又遇到了他的老乡陈云。为贯彻党中央八七会议精神，不久，陈云受党组织派遣，离开了工作 8 年之久的商务印书馆发行所，回到家乡青浦县组织领导农民运动。

商务印书馆的创始人、总经理是上海青浦的夏瑞芳。当时商务印书馆除了编译所，还有印刷所、发行所。蔡元培、张元济曾任编译所所长。历史悠久、影响最大的大型综合性杂志《东方杂志》及《小说月报》、《教育杂志》等均由商务印书馆出版发行。严复、郭沫若、沈雁冰、黄炎培、陈叔通、胡愈之、郑振铎、竺可桢、叶圣陶等一大批知名人士都在这里工作过。1919 年，陈云离开青浦练塘，进入大上海，跨进商务印书馆大门，迈出他人生极为重要的一步。他在那里加入了中国共产党，参加了五卅运动和第三次上海工人武装起义，开始了革命生涯。

袁文彬潜伏商务印书馆编译所工作了 10 年，一直到 1937 年八一三淞沪抗战爆发后才离开。

袁文彬在商务印书馆编译所上班，常常早出晚归。每当夜晚街上响起军警车刺耳的警报时，周淑贞都会提心吊胆。她一直把房间的灯开着，等到袁文彬安全回到家时，她才会熄灯安然入睡。

上海商务印书馆旧址。

当时，商务印书馆曾是中共活动场所之一。所以大革命失败后遭到国民党反动派的严重破坏。“商务印书馆”这个词曾被用来代替“共产党”，因为共产党英文简写为“CP”，而商务印书馆英译名（COMMERCIAL PRESS）的简写也是“CP”，所以说某人是共产党时，就说他是商务印书馆的。

袁文彬在商务印书馆编译所期间，编译了大量德文书籍。我们现在知道的有德国作家路易林著《战争》、哈姆森著《苏俄妇女与儿童》（新文化丛书）、克尼克尔波克著《德国往哪里去》（《申报》丛书）等书籍，分别于 1930 年、1933 年和 1934 年由世界书局、《申报》和中华书局出版发行。

新文化叢書

蘇俄婦女與兒童

H. Hansen 著
袁文彬譯

1934

上海中華書局印行

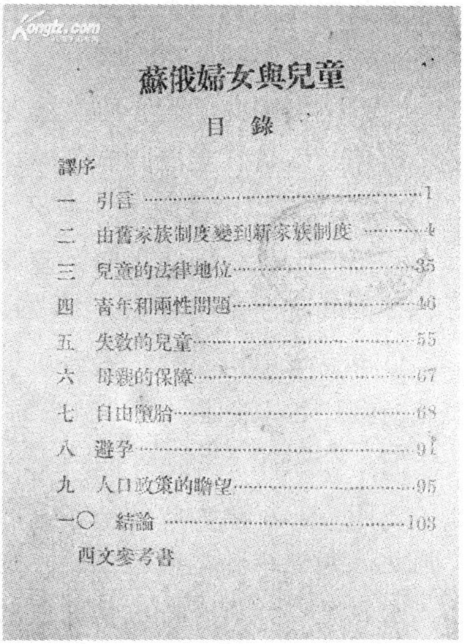
蘇俄婦女與兒童

目錄

袁文彬翻译的德国作家哈姆森著《苏俄妇女与儿童》封面及目录。

这期间，袁文彬在上海结识了大诗人柳亚子、夏衍、阳翰笙等文化界“左联”人士，为传播进步文化，做了大量工作。后来柳亚子在桂林闻讯好友袁文彬在苏北盐城壮烈牺牲时，曾挥毫写诗悼念。

袁文彬经常到蔡叔厚经营的“绍敦电机公司”，与中共地下党人徐梅坤，张秋人、徐诚梅夫妇，杨贤江、杨韵漪夫妇以及夏衍碰面。大革命时期，徐梅坤曾任中共上海地方兼区执行委员会秘书长。张秋人也是中共早期党员，在黄埔军校担任过政治教官，曾于广州在毛泽东的直接领导下接替沈雁冰编辑过《政治周报》，后任中共浙江省委书记时牺牲。

夏衍在日本担任国民党（左派）海外部驻日总支部常委组织部长，具体分管日本各地的留学生和华侨的组织工作。四一二反革命大屠杀影响到了东京，巢鸭（日本地名）伪总支部纠集一伙人袭击和捣毁了神田总支部。左派常委决定派夏衍先行返回上海，临时居住在绍敦电机公司。

袁文彬因此结识了刚从樱花之国日本归来的夏衍。绍敦电机公司当时坐落在吴淞路有恒路口，是一家双开间门面、规模不大的电料店，经营家用电器。

绍敦电机公司老板叫蔡叔厚，正名绍敦，字叔厚，浙江诸暨人，与夏衍同是浙江甲种工业学校校友。他既是老板，又是技师，曾留学日本专攻电机工程。上海最早设置在大世界、新世界屋顶的“电光新闻广告”就是他设计制造的。他当时 29 岁，独身，还没有参加任何革命组织。

四一二反革命政变后，共产党人张秋人夫妇、杨贤江夫妇都从闸北区搬到绍敦电机公司楼上避居，这里成了中共特别勤务科的秘密联络点。袁文彬也是这里的常客。每天晚上这里都有革命沙龙，大家一起谈论时政、人物、古文诗词、掌故。当时，除了中共地下党到这里外，右倾顽固分子汤恩伯、张公达、徐逸樵也常来这里，还有第三种人或埋头业务不问政治的张一林、吴觉农，以及思想尚未定型的楼秋泉、范新度等也是蔡叔厚的“食客”。所以蔡叔厚有“小孟尝”之美称。他的公司也就成了“济难会”。

后来蔡叔厚加入了中共党组织，参加了特科，绍敦电机公司搬到了法租界福煦路(今延安路)一幢三层楼的大厦里。绍敦公司实际成了中共特科第四科的实验室。

全国抗战爆发后，袁文彬离开上海参加战地文化服务团，奔赴昆山抗日前线，曾委托黄定慧照顾他的家属和孩子。后来，党组织安排黄定慧到香港工作，袁文彬的家属和孩子又一度委托给好友蔡叔厚照料。

从四一二反革命政变之后直到 1929 年底，绍敦电机公司成为中共人士的集散地，后来成为中共闸北区委的联络点。闸北区第三街道党支部的成员多为大革命失败后从全国各地转移到上海的知识分子，尤其以作家和艺术家居多。从 1927 年到 1929 年的那场著名的革命文学争论，主要是从闸北支部开始的。

第七章　抛妇别雏　走上前线

日本帝国主义在轰炸上海“大世界”那天，郭沫若冒着浓烈的硝烟和猛烈的炮火再次来到袁文彬家。

郭沫若就战地文化服务队组织及经费问题给陈诚写了封信交给袁文彬，让他带给陈诚。郭沫若紧紧握着袁文彬的手说：“保重，文彬，我们等你们的好消息。”

1937年7月7日，卢沟桥事变爆发，标志全民族抗日战争全面爆发。

抗战舞台剧《保卫卢沟桥》在上海南市蓬莱大戏院演出，轰动了上海滩。

8月13日，日本海军陆战队在上海登陆，将战火烧到上海，淞沪抗战爆发，国民政府上海驻军奋起英勇抗敌。

大上海已经成为中国军民抗敌的大战场。许多宣传队、慰劳队、救济会、红十字会、救亡演剧队等抗日组织纷纷成立，开赴前线，军民一起浴血奋战。

8 月 22 日，中共中央发表《抗日救国十大纲领》。

袁文彬在上海地下党组织的领导下，开展抗日救亡工作，四处奔走，发动和团结爱国青年与进步文化人士，或撰写文章，或发表演说，积极宣传党的抗日主张。

这时，流亡日本十年之久的郭沫若冲破日本政府的重重阻挠，“别妇抛雏”，回国呼吁抗日。曾是创造社成员，时任八路军驻上海办事处主任潘汉年得知创造社盟主、北伐总政治部老主任郭沫若回到上海后，通知北伐时期的老战友和上海市进步文化界的知名人士与郭沫若正式见面。潘汉年决定由北伐女兵黄定慧出面发出请柬，为安全起见，就在她家举行座谈会，热烈欢迎北伐军总政治部老主任郭沫若从日本归来。当时到会的有四五十人，袁文彬也应邀参加。这是大革命失败后分别十多年，袁文彬第一次见到在北伐总政治部的老领导郭沫若，十分激动。郭沫若显然看到了人群中的袁文彬，与他点头致意。袁文彬发现，郭沫若虽只有 46 岁，但两鬓已现斑白，耳朵有些失聪。这次座谈会上，大家商量发起成立全国最早的群众救亡组织——上海文化界救亡协会（简称“文协”），在欢迎郭沫若回国参加的抗日群众大会上，上海文化界救亡协会发表了成立宣言。

郭沫若与袁文彬的岳父周善培还有亲戚关系，他是周善培的外甥女婿——尽管郭沫若后来与周善培的外甥女离婚。郭沫若登门拜访北伐时期的老友袁文彬，这让袁文彬既惊又喜。袁文彬激动地说：“老主任，你终于回来了，上海文化界急需你担任旗手呼吁抗日。”

潘汉年立即派代表接待了昔日闻名大江南北的创造社盟主郭沫若，并让熟悉上海情况的夏衍当他的助手。郭沫若回到上海后，上海文化界救亡协会刚成立，由宋庆龄、潘汉年、蔡元培、潘公展、胡愈之、茅盾、钱俊瑞、巴金、张志让等83人担任理事。后来胡愈之、张志让都到了武汉国民政府军事委员会政治部第三厅第五处工作。根据周恩来的指示,郭沫若以文协的名义创办了机关报《救亡日报》,他题写了报名,并自任社长,夏衍为总编辑。

第三战区司令长官冯玉祥希望郭沫若写一篇文章,谈谈为什么当年北伐军能得到民众的广泛支持,而现在的国军却遭冷落。

郭沫若说,这正是我来想跟你们谈的问题。他从北伐革命战争时期国共合作尚未破裂谈起,说到那时候军中政治工作和后方民众所起的重要作用,相比之下,目前的民众是效命有心而出力无路,他们并不是冷淡,只是有所期待。在他看来,政策要鲜明,要信赖群众,军中的政治工作应及早恢复,民间的组织应及早开放,这些才是保证胜利的最切要的事情。

北伐军著名将领冯玉祥听了原总政治部副主任郭沫若的话后连连点头。

这样才有了后来以文协名义组建的大型的文化政治工作机构——战地文化服务团。

这时,第三战区左翼第十五集团军总司令陈诚从前线派了一个参谋前来拜访《救亡日报》社长郭沫若。

北伐时期,陈诚曾是国民革命军第二十四师师长严重手下的团长。按军阶,当时陈诚应是郭沫若的部下。陈诚的这个参谋过去认识郭沫若,他代表陈诚订了200份《救亡日报》到前线散发,并请郭沫若代为组织三个战地服务团,分别到陈诚总部和张发奎、罗卓英部队负责宣传服务工作,每队三四十人,人选一律由郭沫若决定,生活费及服装均由军部负责供应。

郭沫若感到有点突然。他说他刚到上海不久,不太熟悉情况,容他考虑两天再作答复。

当晚,郭沫若约了潘汉年、夏衍等一起商量组建战地服务团的事。潘汉年默想了一会,说:“这件事恩来同志在庐山和陈诚谈起过，但由于另一个问题而没有落实，这就是国共双方有一个口头协定，即一方不在对方军队中发展党的组织。现在陈诚既然提出了，我们就可以同意，组织一批爱国的革命青年到国民党部队中去工作，不仅可以在战地群众中做些抗日宣传、组织和服务工作，在下层军官和士兵中也可以交些朋友，加强团结救亡的工作。”

潘汉年和夏衍又约了刚从南京监狱释放出来的中共党员杜国庠、钱亦石、阿英等人开了会。由于八一三之后不久，戏剧界已经由于伶、张庚负责组织了 12 个救亡演剧队到后方去进行宣传工作，文学、戏剧、音乐方面的骨干大部分已经或即将离开上海。所以，这次组织战地服务团主要从“社联”（中国社会科学家联盟的简称）、工会、青年团等有关方面物色人选。

郭沫若以文协名义成立了两个战地文化服务团（因其他原因，原定组织三个服务团改为两个），分别派到陈诚总部和张发奎部。钱亦石、杜守素拟担任浦东前线战地文化服务团正副团长，袁文彬、翁从六拟担任昆山前线战地文化服务团正副团长。他把拟就的团长和成员的名单交给了陈诚的参谋。参谋接过名单后看也不看，就装进了公文包。然后把一笔筹备经费交给了郭沫若，并急急忙忙地问：“郭先生，你看战地服务团哪一天可以出发？”郭沫若说：“我们尽快把人员召集起来，估计 9 月底出发。”

日本帝国主义轰炸上海“大世界”那天，郭沫若冒着浓烈的硝烟和冲天的炮火再一次来到袁文彬家。袁文彬开门一看，没想到老领导郭沫若这时候会来他家。郭沫若进门后，掸了掸长衫上的尘土，气喘吁吁地问：“文彬，国难当头，你还不走，是不是舍不得老母和儿女啊？”

“……”

袁文彬竟一时无语，他的脸红了，火辣辣的，羞愧地低下了头。

当时，袁文彬不仅有年迈的母亲，还有五个未成年的孩子，最大的 10 岁，最小的才 3 岁。日本帝国主义在家门口狂轰滥炸、烧杀抢掠，实际上他早想奔赴抗日前线从事救亡工作了。他很早就向妻子周淑贞表示过，他要到抗日前线去，不愿当亡国奴。郭沫若抛妻别雏，远涉重洋，只身回国呼吁抗日，他把在日本的家都舍弃了。袁文彬觉得和郭沫若相比，自己这一点困难又算得了什么。

袁文彬最终“抛妇别雏”，奔赴战火纷飞的昆山抗日前线，参加了战地文化服务团，并担任团长。他找到了北伐时期在武汉就熟悉的老友、在中国妇女慰劳自卫抗敌将士总会（简称“妇慰会”）上海分会从事抗日救亡工作的常务理事兼慰劳组组长黄定慧，委托她代为照顾自己的妻子和孩子。黄定慧听说袁文彬要奔赴抗日前线，便满口答应下来。

“为文彬奔赴抗日前线干杯！”“当”的一声，三只酒杯碰在了一起。郭沫若和赵畹华在锦江饭店设宴为袁文彬奔赴抗日前线饯行，三个北伐老友举起了酒杯。

锦江饭店那时是一家不大的川菜馆，在白色恐怖时期，于伶、章泯、夏衍常借菜馆碰头、开会，甚至“挂账”。店主就是郭沫若的老乡董竹君。她知道郭沫若喜欢吃川菜，专门给他送来名厨做的川菜。

袁文彬和妻子分别那天，孩子们哭喊着，牵衣拦道。有的拉他的手，有的抱他的腿，还有的牵扯着他的长衫。孩子们需要父亲，需要父爱。但是大片国土在一天天沦丧，前方抗日将士在一天天流血，更需要他上前线从事战地服务工作。袁文彬身上的长衫都被孩子们撕裂了，他的心仿佛也被撕碎了。妻子早已泪流满面，袁文彬也止不住流下了滚烫的泪水。两人泪眼相望，“相顾无言，唯有泪千行”。

袁文彬蹲了下来，把孩子们紧紧揽进他那宽大温暖的怀抱，掏出手帕为他们擦去泪水，一一亲吻了他们：“孩子，在家听妈妈的话，爸爸要上抗日前线去了。”

这是袁文彬烈士的二女儿，今年80岁的袁贞萍对父亲最初的印象，也成了她对父亲最后的记忆。这是袁贞萍第一次见到严厉的父亲流泪。那一年，她刚 7 岁。从此，她再也没有见到过父亲。父亲牺牲那年，她才 11 岁，本是在父亲面前绕膝撒娇的时候。

临别时，袁文彬紧紧搂抱着 5 岁的大儿子袁振东亲了又亲，平时他最喜欢东儿。

“淑贞，这个家交给你了，辛苦你了！”袁文彬紧紧拥抱着妻子，这是他们结婚十年来第一次分离。

“文彬，你要保重，记住，我和孩子们时刻都想着你！”

郭沫若代表上海市文化界救亡协会、黄定慧代表上海市妇慰会会长何香凝前来送别北伐老友袁文彬重上抗日前线。

黄定慧还赋诗一首：

> 莽莽神州正沉陆，临歧惜别倍殷情。
> 拼将热血酬知己，海角天涯共此心。

她将这首诗赠送给北伐老友钱亦石、袁文彬及北伐女兵谢冰莹、胡兰畦。

郭沫若就战地文化服务团组织及经费问题给陈诚写了封信交给袁文彬，让他带给陈诚。

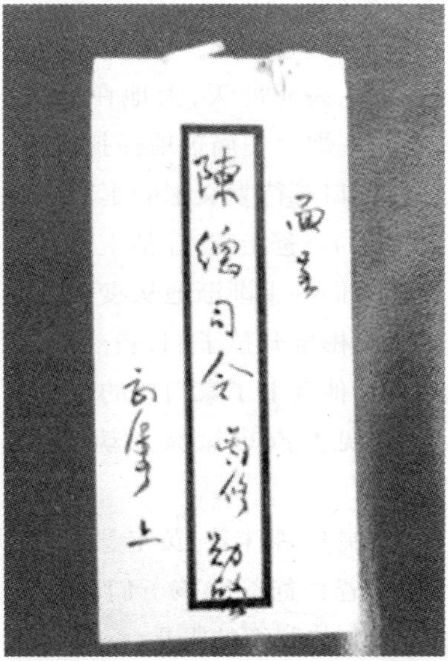

郭沫若就战地文化服务团组织及经费问题给陈诚写了封信交给袁文彬，让他带给陈诚。

湖北省档案馆保存着郭沫若致陈诚的信函，并加注说明：1937 年 8 月 13 日，淞沪抗战爆发，淞沪会战左翼军（第十五集团军）总司令陈诚从前线拜访郭沫若，请郭沫若组织战地服务团从事战地宣传、组织、纠察、除奸和救护工作。1937 年 10 月

23 日，由袁文彬担任队长的最后一批服务团从上海大陆商场出发，越过日军炮火封锁的大场公路到达昆山前线。此件即为该队出发的当天，郭沫若就服务团组织及经费等问题给陈诚的信。

郭沫若紧紧握着袁文彬的手说："保重，文彬，我们等你们的好消息。"

黄定慧说："文彬，你放心上前线吧，我一定会照顾好淑贞和孩子的。"

"歼敌早归来，痛饮黄龙酒。"柳亚子赠送给谢冰莹奔赴抗日前线的诗句表达了他们共同的心愿。

"定慧，文彬拜托你了！"

袁文彬激动地抱拳和他们作别。他的眼泪止不住再一次涌了出来。谁也没有料到这竟是生死离别，从此，袁文彬再也没有回到过这个家。

日本帝国主义的飞机像饥饿的鹰一样在上海空中盘旋。四周炮声隆隆、火光冲天，大地在颤抖。日本侵略者在恣意蹂躏着上海，上海在炮火中痛苦地挣扎、呻吟。

在门口等待袁文彬的军车马达隆隆响了。周淑贞拉回孩子："让你们的爸爸走吧，让他上前线去。"她的泪水不禁又夺眶而出。

孩子们的手渐渐地从袁文彬身上轻轻滑落。

袁文彬推开孩子们，毅然迈向了军车。他那撕裂的长衫在迎风飘舞。他登上了家门口的军车。

"再见！"汽车徐徐开动了，袁文彬打开车窗回头向他们挥着手。

"再见！"郭沫若、黄定慧、周淑贞向他摇着手。

"爸爸！爸爸！"孩子们看到父亲抛下他们上车走了，突然挣脱了母亲，如脱缰的野马，一路狂奔，追赶汽车哭喊着。

"爸爸！我要爸爸！"

袁文彬看到东儿揩着泪眼，跑在姐弟们的最前面。

"东儿,回去!"

"爸爸! 我要爸爸……"

东儿突然一跤跌倒了,他爬了起来,大声哭喊着又继续追赶袁文彬的车子。

"东儿,回来!"周淑贞跑上来追回孩子们。

袁文彬紧紧关上了车窗。

孩子们撕心裂肺的哭喊声渐渐远去。

袁文彬坐在车里,鼓胀的泪水,早已模糊了双眼。他紧紧捂住了自己的嘴巴,让泪水尽情地流淌。

"爸爸! 我要爸爸!"后来在离家的那些漫长的日子里,袁文彬常常在梦里听到孩子们那声声揪心的呼唤。

第二天,上海滩《救亡日报》、《申报》等各大报纸都在头版显著位置报道:"上海各界抗日救亡团体欢送北伐老友们重上前线抗日救国。"

袁文彬担任了郭沫若推荐的第三战区左翼第十五集团军司令部战地文化服务团团长,奔赴充满血与火的昆山抗日前线。

从此,袁文彬再也没能回到上海这个家,再也没能见到他那年迈的母亲、操劳的妻子和可爱的孩子。

早在国共两党庐山谈判期间,周恩来与国民党就口头协议组织战地文化服务团。淞沪战场右翼军总指挥兼第八集团军总司令张发奎,亲自出马拜访北伐时期的老友郭沫若,请他相助,组建一个类似当年北伐部队的政治部。

9 月 22 日,国民党中央通讯社发表了已拖延了两个月的《中共中央为公布国共合作宣言》。

23 日,蒋介石发表谈话,承认中国共产党的合法地位。第二次国共合作正式形成。

这时,淞沪战场左翼军总指挥兼第十五集团军总司令陈诚,从前线拜访郭沫若,请郭沫若帮助组织战地文化服务团,抓紧到淞沪前线作战部队开展服务工作。

之前，陈诚将成立战地文化服务团事宜的报告送到蒋介石那里，蒋介石看了一眼，他觉得战地文化服务团这个名称“名堂太大”，最后将战地文化服务团改名为“战地文化服务队”。队，看起来自然没有团的规模大。

这样，由“文协”组建，分别由钱亦石、袁文彬为队长的两支大型战地文化服务队正式成立。一支直属第三战区右翼第八集团军司令部，另一支直属第三战区左翼第十五集团军司令部。为了在思想上、政治上保持我党独立自主的领导，周恩来要求在战地文化服务队建立秘密的特别支部（简称“特支”），直属中共中央长江局及后来的南方局领导。

9 月 25 日，以钱亦石为队长、杜守素为副队长的第一支战地文化服务队，率先开赴浦东，参加以张发奎为总司令的第八集团军的浙江前线战地服务工作。该队主要成员为社会科学家、教育家、戏剧家、音乐家、诗人、作家和刚从国民党监狱释放出来的中共干部。著名的《战地文化服务队队歌》便是由钱亦石作词、音乐家孙慎作曲。

郭沫若后来著文说：“亦石先生所领导的政工队，是抗战发生以来的第一队，也是政治部复活的第一声。”

“文协”组织的另一支战地文化服务队共有五十余人，队长是袁文彬，副队长翁从六，原名翁毅夫，浙江慈溪人。翁从六曾参加过北伐革命战争，和袁殊一起主办过“左联”外围刊物《文艺新闻》杂志。队员中除一部分是在上海读书的进步学生外，大多是上海进步文化艺术活动及抗日救亡运动中涌现出来的有才华的骨干。他们是：计惜英、唐勋、莫思（《救亡日报》记者）、茅苓、李一、孔湘桂、柯刚、方岩、辛汉文、许晴、程敦淑、程大逵、陈自忠、陈家梁、陈茵秋、陈影、陈群、黄德荣、吴大群、王方、张影、陆铨、陆莹、陈国栋、杜铁高、刘人龙、张清、张凯君、张文斐、刘宏、朱凡、周剑平、何融轩、卢爱琳、林立、于友(《救亡日报》记者)、邬凌秋、姚文晖等。其中许晴、柯刚、辛汉文、陈影、方岩、陈茵秋是电影及戏剧工作者,张清、张影是歌咏工作者,程大逵是美术工作者,邬凌秋是医务工作者,从事文学创作、编辑、新闻工作的有于友、朱凡、唐勋、林立、刘宏、计惜英,负责社会宣传组织活动的有杜铁高、刘鸣、陈国栋、陈家梁、卢英、陆莹、程敦淑等。他们当中有西安事变后从国民党监狱释放出来的中共党员,有搞地下工人运动的领袖人物,也有来自文化界、工厂、商店和学校的进步青年。

参加战地文化服务队的成员,大部分在爱多亚路(今延安东路)的浦东大厦("文协"所在地)接受过政治考试。《救亡日报》社社长郭沫若邀请了八路军驻上海办事处主任潘汉年,北伐时期曾在国民党湖北省党部搞过群众宣传工作、时任"社联"党团书记的钱亦石,《救亡日报》总编夏衍以及"文协"理事钱俊瑞在南京路大陆商场三楼(《救亡日报》编辑部)给战地文化服务队成员作有关抗日民族统一战线和当前战地形势及开展战地服务工作的报告。郭沫若根据他过去当过北伐军总政治部副主任的经验,对队员们提了一些组织纪律方面的要求。出发前,战地服务队成立了特支,由唐勋担任特支书记,朱凡、何融轩为委员。

会后,潘汉年特别交代袁文彬、翁从六,国共双方都不在对方军队中发展党员。虽然服务队不是正规军队,为了避免不必要的麻烦,服务队中的共产党员暂不公开自己的共产党员的身份,不发展党员,也不和所在地方的地下党组织发生联系。

第八章 战地服务 加入三厅

袁文彬已来不及回去和家人打招呼，他提起毛笔匆忙写了封短信装进信封让人带给他的好友、在上海市各界抗敌后援会设计委员会工作的蔡叔厚，请蔡叔厚将信转交给他的妻子。

袁文彬终于在三眼井高升巷1号找到了挂有“国民革命军陆军新编第四军”牌子的新四军军部，他拜会了新四军第一支队司令员陈毅。两人谈起来才发现他们竟是同年出生。

10月下旬，上海滩的秋风已有了一丝凉意。

一个傍晚，天空中没有月亮，只有几颗稀疏的星星在眨眼。远处隐约传来隆隆炮声，火光闪烁。

按照通知要求，袁文彬、翁从六等带着简便

的行李来到沪南老西门附近停靠着的两辆大轿车里。因战时实行灯火管制，街道上一片漆黑，伸手不见五指。车上也没有开灯，黑洞洞的，看不清对面人的面孔。队员们从各个方向陆续赶来上车，没有人说话，气氛有些凝重。

自八一三淞沪抗战爆发后，大上海繁华之夜就比原先萧条、冷清多了。街上，偶尔还有些开着刺目的车灯、不停地按着喇叭急促驶过的汽车，行人更加稀少。

“请大家坐好，要开车了。”汽车马达隆隆发动了，驾驶员提醒大家。

很多人都是临时接到通知到沪南老西门集中，他们不知道车子开向哪里，也不知道服务队由谁具体负责管理。车上没有人提问，也没有人议论。只有袁文彬、翁从六心里知道。

两辆大轿车强烈的灯光穿透了浓稠如墨的夜色。大轿车载着服务队员在路上奔驰。由于天黑，队员们看不到街上的景色，也不知道车子开到哪里了。不过从车速减缓及车子震动中可以感觉到车子已驶出了市区，行驶在郊区颠簸不平的公路上。路上的行人、车辆几乎没有了。只有无家可归的野狗，瞪着绿莹莹的眼睛，幽灵一样在路旁游荡。

车子经过大场公路时，突然，火光闪闪，炮声隆隆。那是前方抗日将士在与日本侵略者激烈交火。震耳的炮弹爆炸声惊醒了车上打盹的队员，他们扶紧座椅，瞪大眼睛看着窗外一片黑沉沉的无边无际的夜空。离炮弹爆炸声愈近，车子的震动也随着在增大。队员们的心一下都提了起来。

“不用怕，这隆隆炮声是迎接我们战地文化服务队的礼炮！”不知谁戏谑了一句。

不久，火光渐暗、炮声稀疏了。车子已穿过大场公路，安全驶出了阵地。大家提着的心才放了下来。

两辆车子在一所学校的院子里停下。

“到了，到了，下车吧。”袁文彬叫醒了大家。

夜已经深了。秋虫的叫声也停息了。队员们带着行李，到指定教室去休息。有的疲劳得直接坐下趴在桌子上就睡了，也有人将桌子或凳子拼起来躺下睡。

天亮后，队员们起来一看，附近一望无际的田野里是金黄的水稻和雪白的棉花。他们一问，才知道已经到了临近上海的江苏省昆山县城。

队员们洗漱完毕后，聚集在一间教室内坐定。女同志在出发前按要求都剪了短发。这时，戴着圆边黑框眼镜，穿着长衫、布鞋的袁文彬，走上讲台自我介绍：“同志们，我们这个战地服务队隶属第三战区左翼第十五集团军司令部，司令是陈诚。本队负责人有我——袁文彬和翁从六先生。你们以后就叫我‘老袁’。”

队员们听了袁文彬的自我介绍，激动地热烈鼓掌。很多人都是第一次认识他们这位没有架子、说话文质彬彬的队长。

袁文彬手按了按，说了声谢谢。他又继续说：“我们都来自上海各个方面，有不少是文化人。我想，大家既到战地工作，就必须改变生活，使它彻底军队化。我们责任重大，在工作过程中难免会遇到种种困难。但不要灰心，要努力做到底，以达到抗战胜利的目的。为了便于工作，我们将队员五十余人编成小组，以后大家即以小组为单位进行工作和生活。”

袁文彬带领战地文化服务队来到设在昆山亭林公园内的第三战区左翼第十五集团军司令部报到，他把郭沫若的信交给了总司令陈诚。个子不高、一身戎装、佩着刀带的陈诚在众卫士的护卫下，来到昆山脚下的防空洞看望了全体服务队员。他用一口难懂的诸暨方言向队员们介绍了抗战局势，说明了服务队的性质和任务主要是为前线部队和当地民众服务、宣传抗战，并提出了要求。

袁文彬激动地举起拳头表示：“我们誓死努力工作，直到抗战最后胜利！”

队员们也跟着举起拳头响应:“我们誓死努力工作,直到抗战最后胜利!”

陈诚紧紧握住袁文彬的手,激动地说:“拜托了,袁队长,谢谢你们!”

战地文化服务队被安排驻扎在一座尼姑庵的大殿里。这些城里来的“先生”和“小姐”们,第一次睡地砖上面铺稻草的地铺,地铺既凉又硬,但是他们毫无怨言。

他们满怀豪情,高唱嘹亮的《战地文化服务队队歌》,开始了紧张的工作。

> 脱掉长衫,同赴战地,一面唤起民众,一面教育自己。我们愿在枪林弹雨中,把身体炼成铁,把意志炼成钢,把大家炼成分不开的集体,以热诚励士气,以鲜血染征衣。努力,努力!动员全国同胞,争取抗战到底!努力,努力!动员全国同胞,争取抗战到底!

由于战地文化服务队的伙食还没有齐备,队员们到昆山街上匆忙吃了一碗鸭面(奥灶面)就分头去工作。

战地文化服务队队旗在战地迎风高高飘扬。服务队的同志们在袁文彬的精心组织下,迅速分工合作,立即投入紧张的宣传、慰问和救护工作。

上午,他们走上街头张贴标语、漫画,举行讲演、歌咏,教唱救亡歌曲。这时候,到街上买卖东西的农民多,到书场、茶馆听说唱、喝茶的市民多。服务队的同志有的紧张地组织排练节目,准备慰问演出;还有的带着宣传品深入到战区居民家庭去访问,宣传发动群众积极参加抗日。每逢敌机轰炸时,他们就放下手中的工作,又都去全力抢救伤员。

服务队还创办了一份油印战地小报,每星期发行 2 ~ 3 次,配合部队搞好宣传工作。在伤兵医院,他们用剪刀为从前线下来的伤兵剪去身上被血胶粘着的衣服,顶着难闻的腐败气味,帮助伤兵们洗伤口、敷药，包扎后转送后方医院。他们还帮助士兵给家里写信，教唱救亡歌曲。士兵们十分敬佩这些城里来的先生和小姐们冒着炮火到前线服务的勇气。服务队除了做好运输军需等后勤工作外，还要搞好民夫的组织和宣传工作。

在伤兵医院，战地文化服务队为伤兵们演出了他们自己创作的短剧《在伤兵医院》，张光禄饰伤兵、茅苓饰医生、杨文琴饰护士，极大地鼓舞了伤兵们的抗日士气。

在街头，他们演出了著名的街头剧《放下你的鞭子》，由许晴导演兼饰父亲，陈影饰香姐、张影饰青年、辛汉文任化妆，在昆山城引起轰动，围观的群众里三层外三层。他们演唱的抗日歌曲有《开路先锋》、《大路歌》、《救亡进行曲》、《义勇军进行曲》、《大刀进行曲》、《五月的鲜花》、《九一八小调》、《祖国的孩子》、《太行山上》及《纤夫曲》等。

袁文彬不但认真做好文艺节目的编导工作，而且自己经常担任剧中角色。他自从离开黄埔军校后，已有十多年不登台演戏了。

深夜，劳累了一天的队员们都熄灯休息了。袁文彬办公室的灯还亮着，他在认真准备第二天的工作安排。女队员程敦淑一觉醒来，发现袁文彬办公室还亮着灯，她推醒另一名女队员说："看，袁队长还没休息。"

郭沫若后来在抗战回忆录《洪波曲》中写道：

> 这是淞沪战役时陈诚要我替他组织的战地服务团，团长在初是袁文彬，男女团员五十人左右，是一群在上海读书的爱国青年。和钱亦石、杜守素所领导的那个团，在张发奎部下成立的，是兄弟组织。那个成立在浦东，这个成立在昆山。在战地上辗转服务了一年，团员吃苦耐劳，过着士兵同样的生活，做了不少的工作。就是陈诚自己也常常对着我称赞他们。

一个月后，战地文化服务队队部第一次发饷，队员们高兴地领到了属于自己的第一笔薪水，待遇相当于准尉。

11月初，日军突然在杭州湾北岸登陆，对上海作侧翼包围，切断沪杭铁路，使淞沪战场中国军队处于腹背受敌的状态，抗战局势急转直下。8日晚，松江陷入敌手。11日夜，浦东和南市守军奉命撤退。紧接着国民党政府军队被迫开始全线撤退。在昆山前线紧张工作了一个多月的战地文化服务队，也不得不奉命随军后撤。

一天傍晚，袁文彬把全体队员召集起来传达说："从前线传来的战况不佳，我军在撤退中，日寇又从浙江金山卫登陆，妄图截断我淞沪守军之退路。上海战局迅速逆转，我军仓促撤退，按陈诚司令指令，我们战地服务队要迅速转移到皖南。为方便快速行动，服务队暂分为两队，由我和翁副队长各率一队。因无车辆运输工具，都是步行，所以大家要轻装上阵。除了乐器、写贴工具等必须带的东西外，其他能精减的全部精减，以个人能自负行军为宜。"

袁文彬已来不及回去和家人打招呼，他提起毛笔匆忙写了封短信装进信封让人带给他的好友、在上海市各界抗敌后援会设计委员会工作的蔡叔厚，请蔡叔厚将信转交他的妻子。

周淑贞打开信后，只有短短的几个字："战事不平，始终不回，带好孩子……"使人想起西汉武帝时期大将霍去病那著名的诗句"匈奴未灭，何以家为？"表明了袁文彬坚持抗战到底的决心，后来他用实际行动践行了自己的诺言，把一腔热血抛洒在苏北抗日战场。

袁文彬再去亭林公园内的司令部联络时，司令部已空荡荡的了。一个副官模样的人匆忙从里面出来，看到袁文彬还没有转移，惊奇地问："怎么？袁队长，没有通知你们？部队早撤了，你们赶快走吧，敌人马上包围昆山了！"

袁文彬几乎是一路小跑从亭林公园赶到尼姑庵，汗水已湿透了他的衣衫。

"快，通知所有同志马上全部转移到天主教堂！"袁文彬将服务队全体同志和搞民夫工作的同志叫醒，连夜安全转移到了天主教堂内。

服务队在天主教堂安顿好后，夜空中就响起飞机马达的轰鸣声。日本侵略者战机开始大规模轰炸昆山。公路上到处是弹坑，路旁是大火烧焦的房屋。敌机呼啸，低空盘旋，机枪扫射，炮弹开花，泥土翻飞，气浪袭人。昆山城顿时被破坏得面目全非。敌机轰炸、扫射时，教堂内服务队的同志彼此都以自己的身体去掩护战友。

为减少伤亡，袁文彬决定服务队连夜转移。为分散敌机袭击，袁文彬将服务队分成小小组撤退，每隔几分钟出发一组，每组四五个人。袁文彬、陆铨、程敦淑、陈群和部队文书、财务先行，翁从六和辛汉文、柯刚、陆莹、陈影殿后，他们约好到苏州干将坊会合。

辛汉文是当时上海影剧界著名的化妆师，曾担任舞台剧《赛金花》、《复活》、《屈原》及电影《夜半歌声》、《万家灯火》、《三毛流浪记》中的人物定型化妆。他将其他东西都精减了，就剩一只手提小皮箱，里面装着各式油彩、粉末和化妆笔及其他化妆工具。他用一根手杖式木棍扛着小皮箱行军，小皮箱一直不离身。他说，这是我的饭碗，像战士的枪一样，没有它，我还能做什么。

翁从六一行赶到苏州干将坊联络点时，打听到袁文彬他们已继续前行。行军途中，女队员体单力薄，行走不动，特别是最年轻的女队员张文斐身体患病，一点力气都没有。袁文彬派人雇了几辆手拉车（黄包车）让她们坐。程敦淑坚持要让给队长袁文彬坐，他却从来不坐，和其他队员一起坚持步行。手拉车上坡过桥时袁文彬还帮助推上一把。“队长，让我们下来吧。”车上的女队员过意不去。“别动，你们坐好。”这些女队员们心里顿时感到阳光般温暖。她们十分敬佩他们的队长。每到一处，袁文彬总是先把队员们的住处安排妥当，自己才随便找个地方休息。

翁从六一路迅速追赶袁文彬的队伍。他们经过无锡，到了宜兴，遇到了在轰炸中和小组失散的方岩等人。

在南京近郊，袁文彬和翁从六的两支队伍终于会合在一起。他们过了湖熟镇准备进入南京。这时已是晚上，他们发现南京方向上空突然火红一片，大家估计是南京失守了。南京已不能再去了。袁文彬决定马上突出包围圈，过秣陵关后到小丹阳。后来他们才知道并非南京失守，而是军火库爆炸。他们继续行军到小丹阳后，找到了一只小船，决定溯江西上，向皖南挺进。

江水滔滔，江风呼啸，逆水行舟，船行缓慢。袁文彬决定由男同志轮流负责拉纤。拉纤，就是用一根长绳一头拴在船上，一头套在肩上，人在岸上俯首躬身拉船前进。只有张凯君（又叫张明弟）一背到底，中途不肯轮换休息。张凯君原是大夏大学（华东师范大学前身）的学生，在抗日救亡运动中被捕，抗战后释放。不知拉纤中的谁带头唱起了激扬的船工号子，船上的人也跟着唱了起来。

战地文化服务队过了江后，为突破敌人包围，昼夜兼程，不顾疲劳地避开大城市，抄小路行军。他们终于穿过江苏境界，进入了皖南屯溪。国民党第三战区长官司令部已从上海迁到那里。从江苏昆山到安徽屯溪，是这些久居大城市的文化人第一次长途行军，既锻炼了他们的体魄，又锻炼了他们的意志。他们一路经过芜湖、荻港、铜陵等地，这些城市的居民都已疏散了。原来在上海搞工人运动的卢爱琳大姐打前站，她每到一处就忙于借住地，收稻草，烧开水为大家烫脚。休息时，大家发现辛汉文的衣背及裤腿都被染花了，原来是他背的化妆皮箱内的油彩及粉末，被日晒雨淋后，点点滴滴漏到他衣服上了。辛大哥变成了“花大哥”。他风趣地说：“这是我给自己打扮，叫肥水不落外人田。”

战地文化服务队的船到了皖北安庆，这是他们离开上海后见到的第一座大城市，是安徽省第二大城市，省政府驻地，距离黄梅戏诞生地湖北省黄梅县一百多公里，后来却以黄梅戏著名。安庆水陆交通发达，工商业繁华。这时国民党安徽省政府已从安庆迁往六安。船停靠江边码头后，大家到张凯君家好好休息了一夜，痛痛快快地洗了热水澡,舒舒服服睡了囫囵觉。

张凯君家是当地殷实富庶之家,深宅大院有二三进院落,有正房及两厢、天井走廊,是南方特有的明清式安乐院堂。从厅堂摆设、硬木桌椅、匾碑字画,一眼便可看出是书香门第。看门人对张凯君说:“少爷,老爷、太太他们怕飞机,都去乡下老家了。只留下几个人看门……”张凯君领着袁文彬他们在前后院落参观了一遍,讪笑着说:“怎么样?我们也来个打土豪,分田地,你们看准什么,喜欢的,就随意拿吧……”有人说:“我们什么都不要,只拿走少爷。”

后来张凯君参加了新四军,在1941年1月皖南事变中不幸壮烈牺牲。

为寻找陈诚部队,袁文彬带领战地文化服务队曾一度辗转到皖、浙、赣三省边境,他们一边行军,一边进行抗日宣传。队员们生活十分艰苦,日晒雨淋,经常吃不到饭。晚上有时没有地方住,就挤在草堆里过夜。天已渐渐冷了,队员们还穿着从上海出发时的一身单衣。饥饿、疲劳和寒冷潮水一样阵阵侵袭着这些没有吃过苦的年轻身躯。那时既无通信工具,又无联络信号,他们只能从点滴传说中,探测部队动向。

战地文化服务队过了九江后继续南行,他们终于远远地看到了屹立在茫茫赣江之畔、被称为江南三大名楼之一的滕王阁的雄姿,“洪都新府”南昌城近了。他们精神不禁为之一爽,顿时感到脚步轻松多了。“初唐四杰”之一的王勃,当年曾站在这座气势恢宏的阁楼上,面对波涛滚滚的赣江水诗兴大发,吟出了那流传千年的著名诗句:“落霞与孤鹜齐飞,秋水共长天一色。”

袁文彬率领战地文化服务队加快步伐来到了南昌。这是他们沿途见到的唯一尚未疏散的城市。他们总算打听到了陈诚部队的消息,也找到了党组织。袁文彬对南昌这座城市是很熟悉的。1926年北伐时期,他和赵畹华曾来这里迎接国民革命军总司令蒋介石到武昌。总政治部南昌分部就曾设在美丽的东湖畔的百花洲，他担任南昌分部社会股股长时，在这里工作生活了三个多月。著名的八一南昌起义也发生在这里，这里后来成了人民解放军的诞生地，被称为"英雄的城市"。当时如果不是张发奎百般阻挠，袁文彬等总政治部的中共党员也就都参加了南昌起义。

到南昌后，袁文彬打听到新四军办事处已从汉口迁移到这里，正式成立了新四军军部，就设在三眼井高升巷 1 号。他知道那里原是北洋军阀时期著名军阀张勋的府第。后来新四军军部迁移到皖南歙县的岩寺后，这里成了新四军驻南昌办事处。

袁文彬终于在三眼井高升巷 1 号找到了挂有"国民革命军陆军新编第四军"牌子的新四军军部，他拜会了新四军第一支队司令员陈毅。两人谈起来才发现他们竟是同年出生。

在风景优美的百花洲公园，袁文彬邀请陈毅给战地文化服务队全体成员作了一场报告。这是久居大城市的队员们第一次见到共产党的高级领导干部，身穿灰色军装，头戴军帽，左臂佩带白底蓝字 N4A 臂章，打着灰色绑腿，队员们心情十分激动。善于讲故事的陈毅给大家作了关于游击战争的生动报告，其中给队员们印象最深的是"摸瓜"（偷营），乘敌不便，杀敌取胜的故事。队员们一个个瞪大了眼睛、聚精会神地听着，像着了迷一样兴奋。

袁文彬与撤退中的陈诚部队联系上后，和队员们一起挤上军车来到了江西玉山。在小山村休整时，年轻的女队员张文斐因病不幸去世。噩耗震惊了整个战地文化服务队，也震惊了小山村。

张文斐是位美丽苗条的姑娘，她放弃优裕的家庭生活，不听父母的劝阻，毅然走上抗日前线。身体单薄的她和青壮年队员一样行军，一样忍饥挨饿、日晒雨淋。袁文彬平时像对待自己的女儿一样照顾体贴她。宿营时，都是先安排她住宿和休息。希望她能战胜困难，健康成长。张文斐终因缺医少药而献出了年轻的生命。

张文斐是战地文化服务队成立以来第一个牺牲的也是最年轻

的战士。最悲痛的是她的姑妈陈茵秋。她抹着泪沉痛地说，她没有照顾好自己的侄女，她对不起文斐的父母。山里的村民都为这位美丽的女孩掬一捧泪。

袁文彬等怀着悲痛的心情用石块在山脚下为张文斐垒了坟包，竖了一块石碑，上面深深地刻着："国民革命军第三战区左翼第十五集团军司令部战地文化服务队张文斐之墓"几个大字。

这时，阵阵风儿吹落了山坡树上一片片被秋霜浸染过的红的、粉的、黄的叶子，它们像一群群五彩斑斓的蝴蝶轻盈地飘落在她的坟上，装扮着这位美丽的女孩。队员们采摘金黄色的野菊花编织了一个美丽的花环摆放在她的坟头上。

他们为英雄张文斐隆重召开了追悼会，张清、张影、朱凡等队员连夜为张文斐赶写了一首挽歌。他们捧着被泪水打湿了的歌词互相传唱。送别了战友，队员们擦干眼泪继续前行。

第九章　跋涉湘桂　流动宣传

郭沫若筹组第三厅，急需一大批人才。当他得知袁文彬和他的战地文化服务队撤退到武汉后，决定将战地文化服务队划归第三厅领导，把曾在北伐军总政治部搞过宣传工作的袁文彬调入第三厅五处担任科员，负责文字宣传。

一个星期日的下午，袁文彬再次邀请了新任命的新四军军长叶挺、第一支队司令员陈毅、秘书长李一氓等新四军领导参加战地文化服务队的聚会。

1938 年 1 月，武汉三镇在大雪初霁中迎来了公历新年。

袁文彬率领战地文化服务队随第三战区左翼第十五集团军司令部军车一路颠簸，终于一起撤退到了大后方武汉。

几天后，从上海转移到广州的郭沫若，收到了国民政府军事委员会政治部部长、湖北省政府主席兼武汉卫戍区警备司令部司令陈诚发来的电报："有要事奉商，望即命驾。"

"有什么要事呢？"郭沫若捧着电报，并不知道陈诚要他来武汉干什么。

早春的武汉三镇暖日融融，到处洋溢着抗战的热烈气氛，新出版的抗战书刊琳琅满目。《新华日报》创刊了，邹韬奋、柳湜主编的《全民抗战》也复刊了。在街头，到处能见到救亡歌咏队、宣传队和演剧队活动的情景。辛汉文没有忘记，下了车就赶忙去市场购买了一批化妆品，补充他的小皮箱。

武汉三镇，袁文彬对它并不陌生。北伐战争时曾是国民政府和国民革命军总政治部所在地，他在这里光荣地加入了中国共产党。著名的八七会议就在汉口召开。算起来，他离开武汉至今已有十多年了。北伐会师的武汉，在默默沉睡了十多年后，现在似乎又渐渐恢复到 1927 年初的情形。

南京沦陷后，国民党宣布重庆为陪都。国民政府和国民党中央党部都已迁往山城重庆。但军事委员会和国民政府党政军重要人物差不多都集中在武汉，在野的各党派的领袖们，特别是思想界、文化界、教育界、科学界的郭沫若、茅盾、老舍、田汉、徐悲鸿、叶浅予、李可染、傅抱石、丁聪、张乐平、冼星海、阳翰笙、郁达夫、徐特立等著名人士都集中在武汉，八路军办事处也设在这里。加上抗日宣传队、救亡演剧队、文化工作队、战地服务队等一二百个群众组织云集武汉。武汉是长江中游的军事、经济和文化中心，一时成了事实上的抗战首都。

不久，从昆山撤退时，与大队失去联系，分散到皖南屯溪工作的朱凡、刘宏、刘人龙、许晴、陈国栋、陈家梁、杜铁高、黄德荣、周剑平也到了武汉，与袁文彬会合。

袁文彬率领战地文化服务队来到设在武昌的武汉卫戍区警备

司令部报到，陈诚兼警备司令。按司令部要求，队员们脱下青年装或长衫，统一换上了灰色的国民革命军军装，打上了绑腿。这时陈诚将战地文化服务队改组为政治工作大队（一说宣传大队），直属武汉卫戍区警备司令部领导。同时，又补充了一批青年学生，政治情况十分复杂，里面有国民党，有托派，甚至还有特务。政治工作大队人数增加到一百多人。陈诚任命庄明远为政治工作大队大队长，袁文彬、翁从六为副大队长，还任命了一名叫褚问鹃的女同志任副大队长。

武汉卫戍区警备司令部政治工作大队成立后，袁文彬及时把这一情况向位于汉口太和街的中共中央长江局（对外称“八路军驻武汉办事处”）领导作了汇报。他们指示袁文彬，一方面要利用政治工作大队名义到前线国民党军队中开展抗日救亡宣传，另一方面要保持相对独立性，把原上海战地文化服务队的同志紧密地团结在我们党组织的周围。

孟庆树、邓颖超专程到司令部政治工作大队热情看望了原上海战地文化服务队的同志，询问他们的工作和学习情况，勉励他们好好工作，还专门请女队员到饭馆吃了一顿饭。

中共中央长江局和八路军办事处的领导也十分关心政治工作大队中原战地文化服务队的同志，他们在汉口一家饭馆邀请了原战地文化服务队的同志一道聚会。袁文彬带领程敦淑、陈影、柯刚、陆莹、陈群等服务队的同志一起去了。中共中央长江局和八路军办事处的领导董必武、周恩来、邓颖超、叶剑英、王明、博古、王若飞、叶挺、孟庆树等都来参加了聚会。只有叶挺将军穿皮夹克，叶剑英着西装，其余领导都是一身长衫。

饭后，中共中央长江局副书记周恩来给服务队的全体同志作了一场深刻的关于统一战线的报告，大家听了情绪十分高涨。

政治工作大队继续在市郊、市区及驻军点进行巡回演出和宣传，他们还去伤兵医院慰问，用自己节省下来的零花钱买些鸡蛋之类的营养品送给伤病员，鼓舞士兵的抗日士气。

自袁文彬离家后，周淑贞一家生活更困难了。她一人要照顾年老的婆婆，还要拉扯5个孩子。经济上除了父亲接济，还有好友黄定慧支持。黄定慧常来周淑贞家看望他们，给钱送物。孩子们都亲切地叫她“陈伯母”。黄定慧的丈夫姓陈，叫陈志皋，是中共的朋友、上海著名的大律师，即夏衍《包身工余话》中 的“ C律师”。

1993年，黄定慧(中)从上海市政府参事岗位离休定居杭州后，袁文彬烈士的子女袁振兴(次子)、袁爱莲(长女)还经常去杭州看望父母生前的战友——他们的恩人“陈伯母”。

1939年秋，党中央指示黄定慧和八路军上海办事处秘书刘少文离开上海到香港工作，临行前她告别了周淑贞母子，她又委托好友“小孟尝”蔡叔厚继续照顾周淑贞一家。

后来，周淑贞替人家做了英语家庭教师，靠微薄的收入支撑着家。

“不知文彬他们现在到哪里了?”周淑贞把孩子们照料睡着

后，坐在床上，举目遥望窗外黄浦江上空的明月心中默念着。自从上海沦陷以来，她至今没有袁文彬的任何音讯。

夜深人静的时候，便是想家的时候。一轮玉盘似的明月高高悬挂在江水滔滔的珞珈山头，倾泻下一片清辉。银色月光洒进窗户，袁文彬躺在床上翻来覆去睡不着。“爸爸！我要爸爸！”那天离别，孩子们那揪心的呼唤声似乎又在他耳畔萦绕。他在思念黄浦江畔的亲人，思念母亲、妻子和孩子。自上海沦陷成为孤岛后，不知他们现在过得怎样了。袁文彬自离开家从昆山辗转到武汉近半年时间了。他觉得对不起母亲、对不起妻子和孩子。离开上海时，仅写了张纸条让人带回，甚至没有回去和他们打一声招呼。他坐起来，拧亮灯，写了封信回去，向母亲和妻子报了平安。请求妻子原谅自己因战事太紧不辞而别，让周淑贞把她和孩子们的照片寄来。

周淑贞突然收到袁文彬从武汉寄来的信，竟高兴得流下了激动的热泪。扑哒扑哒的泪珠打湿了手中的信。她知道丈夫还活着，和战地文化服务队一起已安全转移到了大后方武汉。她那一颗久久悬着的心才放了下来。

“爸爸来信了！快过来听！”周淑贞激动地把孩子们都叫过来，把丈夫的信念给他们听：“你们在家一定要听妈妈的话，爸爸想念你们……”

“爸爸什么时候回来啊？”

孩子们围住妈妈问。

“快了，等胜利了。”

“爸爸回来给我们带糖果啰！”

孩子们激动得欢天喜地。

周淑贞把欢蹦乱跳的孩子们带到照相馆一起拍了张合影照片。

袁文彬捧着妻子和孩子们合影的照片仔细端详着，孩子们一个个咧开缺牙的嘴巴天真烂漫地笑着，少年不识愁滋味。他发现妻子似乎比以前憔悴了，脸瘦削了，一双眼睛显得更大了。他不禁将嘴唇轻轻贴了上去，深情的泪水在眼眶里打转。

身兼三职的陈诚集军政大权于一身，红得发紫。叶挺和黄琪翔先向郭沫若透露了陈诚要他来武汉的秘密。陈诚把当年的北伐军总政治部副主任郭沫若从广州请到武汉，想让他出山担任刚成立的国民政府军事委员会政治部第三厅（宣传厅）厅长，主管文化宣传工作，军衔中将。国民政府军事委员会是战时最高权力机关，蒋介石担任委员长。

当时，国民政府对外面临日本帝国主义军事进攻的威胁，对内又遭到各党派、各人民团体和广大人民的强烈不满，迫于内外交困的情势，不得不作一点改革的姿态，于是在国民政府军事委员会下设立政治部。

政治部这个机构原是在大革命时期建立的。它在北伐战争中建树了辉煌的功绩，在全国人民心目中威望很高。后来，蒋介石叛变了革命，在五次“围剿”时期把政治部改为行营政训处。行营政训处和后来陈立夫主持的军事委员会第六部，由于进行法西斯特务活动，搞得声名狼藉。

抗战爆发后，国民党取消了原来的行营政训处和军事委员会第六部，恢复成立了北伐战争时期的政治部，陈诚任部长。请在全国人民中有崇高声望的中共重要领导人周恩来参加政治部，担任副部长。北伐后期，曾任国民革命军第四军军长、第三党中国国民党临时行动委员会即后来的农工民主党负责人之一的黄琪翔也应邀担任副部长。政治部在总务厅之外再设三个厅，第一厅主管部队政治工作，厅长贺衷寒；第二厅主管民众组织训练，厅长康泽；第三厅主管文化宣传工作。

蒋介石对陈诚说，他希望有一个在思想界、文化界威望很高的人来主持三厅的工作。蒋介石自然想到了北伐时期“文字上的事体要多多仰仗"的郭沫若。这时候，郭沫若已从日本流亡回国，蒋介石取消了对他的通缉令。由陈诚出面，请郭沫若担任第三厅厅长，武汉大学教授范寿康、范扬任副厅长，阳翰笙任政治部主任秘书、政治部设计委员会委员，傅抱石任秘书。第三厅下设五、六、七三个处，每处均设三个科。五处负责一般宣传工作，处长胡愈之，六处负责艺术宣传工作，处长田汉，七处负责对外宣传和对敌宣传工作，处长由范寿康兼任。

蒋介石看了陈诚呈报的第三厅处室名单很满意："嗯，这个，这个不错嘛。"蒋介石还专门召见了第三厅校官以上干部。由于第三厅团结了文艺界知名人士与社会贤达，传到社会上，人们称第三厅为"名流内阁"。

郭沫若筹组第三厅，需要一大批人才。当他得知袁文彬和他的战地文化服务队撤退到武汉后，决定将战地文化服务队划归第三厅领导，把曾在北伐军总政治部搞过宣传工作的袁文彬调入第三厅五处担任科员，负责文字宣传，把十个抗敌演剧队、三个电影放映队、四个抗敌宣传队也归入第三厅五处。把辛汉文调入六处从事艺术宣传，战地文化服务队便由翁从六负责。

文字宣传处，即第五处，主管文字宣传、口头宣传及印刷出版事宜。处长胡愈之，被称为浙江上虞的才子，曾和茅盾发起成立了现代文学史上有影响的"文学研究会"。他是"救国会"领导人之一，来武汉之前在上海编辑出版《鲁迅全集》。五处除了以政治部的名义，起草宣传文件、撰写纪念文章外，还要编写大量的各种各样的宣传小册子，还办了一份小报，叫《士兵报》。五处分为三个科，第一科负责文字宣传，科长是东北救亡总会的重要干部徐寿轩。第二科负责口头宣传，科长是全国闻名的大律师张志让，他也是"救国会"负责人之一，为人正直、热诚，早在抗战以前，在蒋介石大肆搜捕和残酷镇压共产党时期，他就以律师的身份，为共产党做过大量工作。第三科负责印刷出版事宜，科长是毕业于黄埔军

军事委员会政治部第三厅办公旧址。

校二期的尹伯休。

胡愈之到任后，一科与二科合并，统称文字宣传科。因徐寿轩对国民党顽固派不满，又回到东北工作。文字宣传科实际就由张志让具体负责，袁文彬就在张志让的直接领导下从事文字宣传工作。

文字宣传处(五处)成立了党小组，组长刘季平，成员有袁文彬、刘明凡、陈同生、曹荻秋、徐步、潘愈之等同志。文字宣传科人才济济，还有现代作家宋云彬、王鲁彦、石啸冲、蔡家桂、勾适生、钱远铎(钱亦石之子)等一大批笔杆子。其中张志让，刘季平、刘明凡兄弟与袁文彬都是江苏老乡。

后来阳翰笙在回忆录中写道：

> 文字宣传处党小组除刘季平、刘明凡同志外，还有陈同生、曹荻秋、袁文彬、徐步、潘愈之等同志。陈同生、曹荻秋、袁文彬先后奉命转移到新四军去了。袁文彬同志后来在新四军牺牲。

可见阳翰笙对袁文彬的印象是很深的。当年袁文彬升入黄埔军校第四期政治科时，阳翰笙刚进黄埔军校入伍生部政治部当秘书兼政治教官。大革命失败后，他们同在上海从事进步文化工作。抗战时期，他们都在国民政府军事委员会政治部第三厅工作。还有一层关系，阳翰笙与袁文彬的同学高尔柏是连襟。

后来，曹荻秋随刘少奇从淮南抵达盐城，任新四军苏北盐阜区党委宣传部部长时，袁文彬已担任盐城县二区民运队队长。

政治部办公地点设在蛇山脚下武昌城内西北隅的昙花林，在文科大学的对面。文科大学曾是当年北伐军总政治部的临时办公地点和国民革命军中央军事政治学校旧址。当年北伐军第四军叶挺独立团、第七军进攻武昌城时，郭沫若带领总政治部的同志曾在文科大学的操场上绑过云梯。因此，袁文彬对它是熟悉而亲切的。

从昙花林的名称看，这里以前大约是什么佛教建筑。建筑虽已陈旧，但地方却很宽大，房屋很多。第三厅各处、各科和秘书室，加上附属团队共 2 000 人都在这里。

袁文彬虽然调到了第三厅五处工作，但他仍牵挂着政治工作大队中原上海战地文化服务队的同志。他邀请了文学大家、北伐军总政治部老领导郭沫若参加原上海战地文化服务队的聚餐，一方面祝贺他就任第三厅厅长新职，一方面当面聆听他的教诲。

席间，郭沫若向大家简述了战地文化服务队组队起因，并勉励战地文化服务队的同志继续发扬上海文化界的爱国进步传统，为抗日救国作出新贡献。服务队的少数同志第一次见到自己仰慕已久的文学大家、创造社盟主、革命前辈郭沫若。这之前他们只是拜读过他的诗歌、听过他的传闻。当面聆听了他的讲话后受到巨大鼓舞，难以忘怀。

一个星期日的下午，袁文彬再次邀请了新任命的新四军军长叶挺、第一支队司令员陈毅、秘书长李一氓等新四军领导参加战地文化服务队的聚会。叶挺、李一氓和袁文彬都是北伐老友。当年的“铁军”独立团团长叶挺首先致词，他热忱欢迎战地文化服务队在方便的时候去新四军演出。

然后，袁文彬又请陈毅司令员讲游击战，这已是陈毅第二次给战地文化服务队讲游击战了。他说：“游击战有啥子好说的，游击、游击，在游动中打击敌人——那是敌强我弱、敌多我少的情势下的一种战法……打得赢就打，打不赢就走……”

最后，袁文彬请新四军秘书长李一氓讲红军长征的故事。李一氓说：“长征太长，一时讲不完。那是为了摆脱敌人包围，争取北上抗日而进行的长途行军。边行军，边战斗，历经千难万险，终于到达陕北。”这时陈毅插话：“有人说红军是长毛红发，着实可怕，今日一见，戳穿了邪话……”大家听了哄堂大笑，气氛很活跃。

程敦淑和其他队员有幸参加了几次大的聚会，第一次见到了八路军、新四军办事处和中共中央长江局的高级领导，十分激动。这都是他们的队长袁文彬组织和安排的。在他们心目中，袁文彬不仅是一位睿智的兄长，更是一位才子与斗士。他曾从硝烟滚滚的北伐战场走来——在大文豪郭沫若领导下的北伐军总政治部负责战地文艺宣传。之后，他又走进没有硝烟的战场——上海商务印书馆编译所，以德文编译为掩护从事地下工作。抗战爆发后，他又应郭沫若之邀担任了战地文化服务队队长，奔赴充满血与火的抗日战场。现又在第三厅厅长郭沫若的领导下负责文字宣传。袁队长在他们的心中实在太伟大、太了不起了。不仅程敦淑十分崇拜、敬佩他们的袁队长，而且，用现在的话说，很多男女队员都是袁文彬忠实的“粉丝”。

第三厅成立之初，举办了政治部扩大宣传周——这是抗日战争爆发后共产党在国统区领导的大规模抗日宣传活动。为搞好这次宣传，周恩来和第三厅各处领导研究多次，作了重要指示，特别要求五处的文字宣传简洁、生动。

第一天是 4 月 7 日，大会开幕和文字宣传日，适逢台儿庄大捷。袁文彬和五处的同志编制印发了宣传大纲、告全国同胞书等宣传材料。夜晚，举行十万人水陆火炬大游行。当郭沫若、阳翰笙、袁文彬等站立在高大雄伟的黄鹤楼上，看到长龙似的火炬映红了大江两岸，听到救亡歌声、爆竹声、口号声响彻武汉三镇夜空时，他们心潮澎湃。沉睡了十年的武汉三镇今天又被唤醒了。

接着，又举办了七七抗战周年纪念大会。在汉口光明戏院举行歌咏汇演，舞台幕布一拉开，袁文彬与一色灰布军装、脚穿草鞋的男女青年一起引吭高歌："起来，不愿做奴隶的人们！""大刀向鬼子们的头上砍去！"台下响起经久不息的掌声。

第三厅抽调五处的简泰梁、罗髫渔、张肩重和六处的程步高等同志成立了全国慰劳总会后，文字宣传处就提出了以慰劳总会的名义在武汉三镇发动大规模的"慰问信"运动。

武汉三镇的学校、工厂、人民团体、机关、广大居民纷纷写信慰问前方抗日将士。当时的政治形势复杂，为了怕汉奸、坏人利用慰问信搞反动宣传，袁文彬和文字宣传处的同志加班加点，夜以继日，尽管慰问信堆积如山，但仍坚持认真过目筛选每一封慰问信，还在许多信里放进了小小慰问品。

服务队通过慰问信形式进行文字宣传，发动群众，冲破国民党顽固派的封锁和压制，直接向前线广大抗日将士进行坚持抗战到底、反对妥协投降和鼓舞士气的宣传。

北平、天津、上海、南京沦陷后，成千上万的抗日青年和学生从东北、华北、华东来到了武汉大后方。国民党为与共产党争夺革命青年，阻止他们奔赴延安，在武汉举办"战时干部训练团"（简称"战干团"），招收流亡学生、各种团体受训。训练内容分文、武两档，武的学步兵操典，文的学“三民主义”。“战干团”就驻扎在武昌珞珈山麓武汉大学校内。陈诚兼任“战干团”副团长，他下令政治工作大队全体人员参加战时干部训练团。

政治工作大队在参加“战干团”前曾遭到了解散，人员可以有三个去向：一是去“战干团”受训；二是自愿离队可以给出路；三是少数人留在第三厅。袁文彬遵照中共中央长江局的指示，为了坚持抗日民族统一战线，争取合法地位，并保存自己的力量，决定在战地文化服务队原有编制不变的情况下，全体人员可以参训。

“战干团”共有四个大队，每个大队又有三个中队（连队）。原战地文化服务队的队员全部被分编到各个中队。“战干团”管教极严，动不动就将学员打板子，关禁闭。还经常威胁学员说，谁若逃跑抓回来要枪毙。一次，大队长训话，无故寻事，走到程敦淑面前重重地打了她一巴掌。后来这个大队长虽被撤走，但教官们粗暴的作风依旧。

陆友、张影、陈群、孔湘桂、程敦淑等队员因不满在“战干团”的折磨式训练，他们几个又不是党员，相约在一个星期天逃出了训练营地，一心想奔赴革命圣地延安。在“战干团”，不允许队员学唱抗日歌曲，每天教唱老调的“三民主义——我党所宗……”；不讲抗日救国的道理，每周却要听那些耳朵听出老茧的“忠于领袖”、“忠于党国”的精神讲话。到了晚上，把一些能歌善舞的女学员找去寻欢作乐。他们虽逃出了“战干团”，但到延安找谁帮忙呢？原政治工作大队已解散，老领导袁文彬也调到第三厅工作。他们思来想去，觉得还是去找老领导袁文彬帮忙。他们刚一开口，没想到就遭到了袁文彬一顿批评。因为他们参加训练后，将要代表共产党打入国民党军队中去进行抗日宣传救亡工作。

陆友、程敦淑等到哪里去呢？他们无处可去。在武汉，他们举目无亲。“战干团”已不能再回去了。他们实在不愿再在“战干团”浪费时间，再这样下去他们快要被逼疯了。

他们又来到昙花林政治部第三厅五处，在办公室门外徘徊。他们没有任何办法，只有硬着头皮再来找老领导袁文彬帮助他们离开“战干团”，奔赴延安。

这时，袁文彬外出刚好回办公室，发现了陆友、程敦淑他们。

“袁队长。”

“小程，你们到这儿干什么？”

他们怕挨袁文彬批评，把程敦淑往前一推，她的脸已红了。

“我们……”程敦淑嗫嚅道。

“你们进来说吧。”

袁文彬了解了他们的情况后，找到邓颖超，向她汇报了服务队部分同志要到延安的情况，得到了她的同意。袁文彬帮助他们到八路军办事处办理了批准手续，联系了去延安的交通工具，使他们如愿提前离开了“战干团”，奔赴革命圣地延安。

临行前，他们来第三厅五处向老领导袁文彬告别。

“袁队长，我们马上离开武汉去延安了，你也不表示表示吗？”

“怎么表示呀？”

“请我们吃饭。”

“嘿，揩油揩到我这儿了。好呀，我请你们吃饭。”

袁文彬专门到街上饭馆请他们吃了一顿饭，为他们送行。

席间，大家有说有笑，只有程敦淑捧着饭碗好像有什么心事。

“小程，来，吃菜！”

袁文彬夹了一筷菜给程敦淑。

“谢谢队长！”

程敦淑觉得马上要离开武汉到延安，和袁文彬分别了，多少有些伤感。自她参加战地服务队以来，袁队长一直对她很关心照顾，让她很感动。

“你们路上一定要多加小心，到了延安一定要给我来信。”

袁文彬和他们一一握手道别。当他握住程敦淑手的时候，发现她心思重重的样子，顿了一下："小程，离开'战干团'，马上到延安了，你应该高兴呀。"

"高兴！"程敦淑点了点头，却已泪光闪烁了。

"程敦淑一心要到延安，现在真的要去有点舍不得了。"

"谁说的？"

"还不承认，眼泪都出来了。"

"没有，我是高兴。"

程敦淑连忙擦去了眼角的泪珠。

"对，人家程敦淑是激动得流下了泪。"

大家轰地笑了。

袁文彬似乎看出了程敦淑的心思，笑了笑，对她说："对，你应该高兴，不用这么伤感，我们只是暂时分别，时间不长，还有相见的时候嘛。"

程敦淑点了点头，露出了灿烂的笑容。她依依不舍地与袁文彬挥手告别。

"再见，袁队长！"

"再见，一路保重！"

夕阳西下，袁文彬向他们挥着手，目送他们的车子渐渐走远。

这是1938年4月间的事。

"战干团"原定训练六个月，到了1938年7月，由于武汉外围局势紧张，袁文彬要求战地文化服务队（已改编为武汉卫戍司令部战时服务大队，下设三个分队）从"战干团"调出，重返前线进行抗日宣传，得到了陈诚同意。

郭沫若在《洪波曲》中所说的"政治工作大队第二队"，就是袁文彬原来领导的那个战地文化服务队。第一队是由国民党的少爷们组成的。翁从六到战区司令部任服务员后，第二队实际由一名姓卢的女队员负责。根据第三厅指示，战时服务队除部分人员转移到大别山区工作之外，其余由袁文彬率领战时服务大队先后到达湘鄂赣边区鄂南的阳新、通山、通城、崇阳、咸宁、蒲圻，赣北的武宁、修水及湘北的平江一带进行抗日宣传，动员群众保卫武汉。

徐州失守后，日本侵略军兵分三路，由长江下游水陆并进，妄图一口吞掉武汉三镇。袁文彬率战时服务大队奉命转移到武汉外围长江南岸的阳新前线。这年金秋九月，正是黄花地、碧云天的季节。郭沫若会同国民党中央宣传部国际宣传处处长曾虚白、旧同事朱代杰带领武汉三镇各界慰劳代表团，携带慰劳品来到陈诚所属的第九战区（主管湖南、湖北、安徽、江西一带）阳新、武宁前线慰劳抗日将士，并到战时服务大队驻地徐家坨亲切看望了队员。

一辆卡车停在了门口，郭沫若、朱代杰等走下车子。

“郭厅长，郭厅长来了！”

不知谁眼尖，发现了郭沫若，激动地叫了一声。

听说郭沫若来了，袁文彬和队员们都激动地纷纷出来迎接这位著名的大诗人、国民政府军事委员会政治部第三厅厅长，自武汉一别，他们已有半年时间没见面了。

“你们辛苦了！”

郭沫若一下车就与围上来的队员亲切握手，紧紧拥抱。

郭沫若后来在抗战回忆录《洪波曲》中曾饱含深情地写道：

> 政治工作大队第二队本邀余于午后四时前往谈话，归已逾时，住处被移至崇德祠。前任负责人翁从六邀迎，正拟偕行，陈诚派人来接，遂往纱盒帽共餐。食后再往大队住处徐家坨，朱代杰同行。与队员诸兄姐相别，瞬已经年。久别重逢，情逾骨肉，竟有因感激而流泪者。开会，听队员作报告，并提出问题讨论，甚为诚恳。

三天后，郭沫若和朱代杰又到赣北武宁政工大队第二队住处看望了队员。当时阳新一带疟疾流行，政工大队 23 人中就有 21

人患上了疟疾，由于缺乏奎宁药（金鸡纳霜）治疗，很多人身体出现了浮肿。郭沫若十分关心，安慰他们，并告知已派阳翰笙等到香港购药。中午，郭沫若和队员们一起津津有味地啃香喷喷的煮玉米棒子。他介绍了武汉情况，鼓励大家克服困难坚持前线工作。郭沫若和曾虚白等离开武宁回武汉时，袁文彬和战时服务大队的同志都来送行，连发疟疾的同志都坚持来了。郭沫若十分感动，和他们紧紧握着手，久久没有松开。

第十章　辗转重庆　奔赴延安

由于袁文彬精通德文，曾在上海商务印书馆编译所工作十年。他被安排到延安中央马列学院编译室担任德文编译员，继续从事他的本行。当时编译室名人云集，和袁文彬一起工作的有柯柏年、王实味、许之桢、朱仲芷及何锡麟等译著、著作丰富的著名翻译家、作家。

1940 年 4 月，袁文彬肩负重大使命由重庆来到了贵阳交通站。他找到了程敦淑，与袁俊超接上了联系。他告诉袁俊超，他奉命前来秘密接送周恩来的父亲和邓颖超的母亲到重庆八路军办事处。

1938 年 11 月，武汉沦陷前夕，袁文彬带领战时服务大队随第九战区司令部在撤往长沙的途中，身材高大、最年长的队员王方身患伤寒重症，发烧得很厉害，连走路的力气都没有了。袁文彬安排队员用竹床轮流抬着他行军。在行走到咸宁附近幕阜山下的一个小山村时，由于缺医少药，王方不幸壮烈牺牲。战友们含着悲痛将他连同作担架用的竹床一起埋在了青山脚下，一齐脱帽向他深深致礼。幕阜山上云低垂，幕阜山下泪如飞。

王方当时才三十多岁，江苏泰兴人。因为长期被关押在国民党监狱，虽身材高大却很清瘦。他吃苦耐劳，话语不多，勤恳得像老黄牛。行军途中，他经常主动帮助体弱的队员背带行李。到了宿营地，他又主动拿起扁担去挑水做饭。不知情的人还以为他是服务队找来的"雇工"。

11 月 11 日深夜，正当战时服务大队向平江一带集中时，长沙上空突然火光冲天，浓烟翻滚。火焰升腾最高的地方便是长沙城内的天心阁。抗战史上震惊中外的长沙大火发生了。这是国民党军警在蒋介石指使下，模仿苏联元帅库图索夫当年火烧莫斯科阻止拿破仑侵略而火烧长沙阻止日军进攻实施的"焦土抗战"。

大火之前，周恩来、叶剑英、郭沫若等已从武汉撤退到了长沙。八路军长沙办事处也已疏散就绪，周恩来和叶剑英原打算静静休息一下，因为他们太疲劳了，所以夜里睡得很熟。长沙城起火时，周恩来、叶剑英等正住在八路军驻湘办事处，也陷入一片烈焰熊熊的火海。他们在大火中被闹醒，想从大门出来，停在门外的汽车却不见了。再返回后门时，后门附近也着了火。两个人双手提着重要的皮箱，从后门火巷中冒着危险冲了出来。不久，"湘办"大楼化为一片灰烬。

袁文彬在半途中接到了政治部的紧急命令，要求他们速赴长沙从事善后。他们沿着平江—长沙公路，星夜急行军赶往长沙。先是周恩来派第三厅洪深、田汉带队奔赴长沙，随后郭沫若、冯乃超又率领一批人支援。当时长沙军政人员及部队已全部撤离，善后工作十分繁重。长沙城内大火连续燃烧了三天三夜，除少数地区的政府机关公共建筑外，所有民房、商店全部陷入一片火海。城南最繁华的商业区、八角亭一带被烧得面目全非。他们在燃烧着余火的断墙残壁间抢救伤病兵员和灾民，抢救粮食物资，扑灭余火，清查死难尸体及认领掩埋，清理被灰烬和瓦砾埋没的街道，办灾民收容所，开设粥厂，发放救济金救济粮，解决灾民的吃饭问题，还要出墙报恢复抗日宣传。据不完全统计，长沙大火共烧毁房屋五万余幢，20 万居民流离失所，无家可归，死两万余人，伤者不计其数。

袁文彬和第三厅所属的演剧队、宣传队等兄弟单位同志不顾疲劳，夜以继日，辛勤工作。周恩来、陈诚来看望了第三厅善后人员。特别是陈诚，当看到他的“部下”奋战在一片废墟上时，感到为他这个政治部主任增色不少，不住地点着头。袁文彬等参与调查了长沙火灾的情况，并形成书面报告，向第九战区司令部陈诚和大火后新的长沙警备司令部作了汇报。在南岳会议上，周恩来、叶剑英就长沙大火的责任问题，和蒋介石展开了激烈的斗争。周恩来坚决要求蒋介石答应三点善后处理办法：一、拨款救济难民；二、调集民工清理街道，掩埋尸体，搭盖窝棚，安置难民；三、惩办放火的罪魁祸首。蒋介石自知理亏，迫于长沙和全国人民强大的舆论压力及周恩来同志的据理力争，不得不答应下来。重庆国民党当局为平息民愤，挽回影响，下令把长沙原警备司令酆梯和警备第二团团长徐昆、公安局局长文重孚抓起来，当做替罪羊就地枪决了事。

自武汉失守与长沙大火以来，蒋介石采取了“消极抗日，积极防共”的方针。袁文彬等战时服务大队成员的行动也受到国民党的严密监视。他们愈能吃苦，愈有共产党的嫌疑。他们根据周恩来的指示，随军行动，深入前线，向战地军民宣传党的主张，占领文化阵地，坚持原则立场，开展统战工作；利用合法身份，争取自主条件，进行抗战到底、反对妥协投降的宣传。袁文彬率领战时服务大队随第九战区司令部渡过澧水、沅水后撤退到了长沙。屈原曾在这里流浪，贾谊在这里哭泣过。想不到时隔12年后，袁文彬又回到了这个北伐时期曾经短期工作过的地方。

长沙大火后，袁文彬的战时服务大队番号已改为第九战区政治部第二政治大队。

在长沙南门外南大十字路东侧耕园休整时，国民党第九战区政治部副主任胡越发动突然袭击，逮捕了战时服务大队的翁从六、陆铨等一些所谓可疑共党分子，威胁他们说，必须服从国民党一党领导，必须遵守国民党一党纪律。袁文彬愤然向第九战区政治部提出了强烈抗议，迫使胡越释放了被捕人员。

后来，翁从六和陆铨由党组织分别安排到桂林《救亡日报》社、八路军桂林办事处工作。

不久，翁从六又从桂林奉命调回上海与潘汉年同志一起负责地下情报工作。他曾勇敢地打入日本驻沪总领事馆副总领事岩井公馆内，任公馆总务处处长，为共产党收集了大量情报，保护了中共地下党员。日本侵略者投降后，翁从六转移到解放区，负责物资供应及经济工作。他曾化名张卓如，留大胡子，人称"张大胡子"，以商人身份来往于国民党统治区。

1948年，中共华东地区领导委派翁从六去华北中央财经部门汇报情况，途中突然发生交通事故。翁从六，这位参加过北伐战争、曾任战地文化服务团副团长的优秀共产党员，不幸牺牲于河北省沧县小范镇，时年41岁。

袁文彬率领战时服务大队又转回江西进行流动宣传。为进一步壮大宣传队伍，袁文彬等以招考与个别吸收的方式，又招收了一批当地进步青年加入流动宣传队，前往江西前线进行慰问演出。在南昌，他们和抗战演剧队汇合，同台联合演出，相互切磋技艺，很受教益。他们合作演出了剧目《最后一颗手榴弹》、《家破人亡》，演唱了歌曲《保家乡》、《打回东北去》。

不久，南昌沦陷。在敌机轰炸南浔路（南昌至九江）大桥时，袁文彬率领战时服务大队又撤往长沙。他们沿途边行军边演出。5 月初，在湘潭与国民党湘潭党部在学坪联合召开了湘潭各界宣传抗日大会，号召坚决抗战到底，反对妥协投降，并宣读了讨汪通电。当晚，他们举行了文艺演出，演出了话剧《人命贩子》、《顺民》、《三江好》。最后晚会在雄壮激昂的合唱《大刀进行曲》中落下帷幕。

他们从湘潭又转移到衡山继续宣传演出，袁文彬自编自导了话剧《死里求生》、《农村进行曲》等，演唱了《延水谣》、《红缨枪》、《歌八百壮士》、《红旗飘飘》、《军民合作》等抗日歌曲。

1938 年 12 月，袁文彬带领战时服务队到了桂林，经八路军桂林办事处李克农、曹瑛指示安排，他们步行千里，撤往群山环抱的雾都重庆。重庆是位于嘉陵江与长江汇合处的码头山城，是国民政府的陪都，也是大后方的政治、经济和文化中心。在徒步艰苦行军的两个月里，他们一路行军，一路进行抗日宣传和社会调查。沿途刷写标语，发放宣传资料，教唱抗战歌曲，宣传团结抗日。途经贵阳时，袁文彬等终于与从武汉撤退到这里的邓颖超大姐接上了组织关系。

袁文彬率领战时服务队跋山涉水辗转来到重庆后，正值蒋介石命令胡宗南部进犯边区，开始掀起抗战时期第一次大规模的反共高潮。他们对第三厅进行更多的挤压、阻挠、刁难和破坏。第三厅所属的演剧队、抗宣队也遭到各种迫害。袁文彬的战时服务队也不例外。国民党认为他们有共党嫌疑，于是采取种种手段歧视和排挤这批历经艰险、积极宣传抗日的爱国热血青年，说他们中的部分队员是“危险分子”，一律不予安排工作。陈诚夫人谭祥还对他们发出警告，说：“现在有人讲你们是共产党，你们先回家，发给通行证和路费，如果三天内不离开重庆，后果一律自负。”这就等于战时服务队不宣自散，袁文彬他们已不能再继续开展抗日宣传了。

这时，郭沫若和他的第三厅也从桂林撤退到了山城重庆。政治部对第三厅实行紧缩精简，第三厅由原来的三处九科紧缩为四个科，取消了处。袁文彬已不能再回第三厅工作了。在重庆八路军办事处的关心和领导下，袁文彬告别了老领导郭沫若，带领一批进步青年于1938年冬一个雪后初霁的早晨，终于到达了他们向往已久的革命圣地——陕北延安。从重庆到延安有1 500公里之遥，袁文彬他们的车子整整走了一个半月。

一轮红彤彤的太阳从雪域黄土高原冉冉升起。红装素裹，原驰蜡象。

"看，宝塔！"

袁文彬等站在白雪皑皑的黄土高原上，他们终于看到了鲜艳的朝霞映红了高高宝塔山上耸立的宝塔。

"到延安啦！"

他们感到旅途的疲劳顿消，高兴得欢呼跳跃起来。他们抓起雪团互相抛掷，欢声笑语伴随着晶莹剔透的雪花漫天飞舞。

在延安，袁文彬又遇到了他的老乡，已担任中央组织部部长的陈云。

由于袁文彬精通德文，曾在上海商务印书馆编译所工作10年。他被安排到清凉山麓的延安中央马列学院编译室（今中共中央编译局）担任德文译员，继续从事他的本行。

延安马列学院是共产党创办的一所研读马列主义理论、学习党的政策以提高党员觉悟、增强党性修养的干部理论学校，其地位和作用相当于今天的中央党校。院长由中央政治局委员、书记处总书记、宣传部长洛甫（张闻天）兼任，副院长王学文兼教务处处长，他是日本马列主义经济学家河上肇的高足。学院设在延安城北的蓝家坪，和中央领导住地杨家岭仅一河之隔。名曰学院，其实只是几排窑洞，周围没有围墙。下设编译室（张闻天兼主任）和研究室（主任邓力群），办公和住宿的地方就在蓝家坪后山简陋的窑

延安马列学院旧址。

洞内。

由于当时延安能够读到的马列著作中译本很少，为此学院成立了编译室，这是党在根据地建立的第一个编译马列经典著作的专门机构。相当于今天的中共中央编译局。当时编译室名人云集，和袁文彬一起工作的有柯柏年（笔名马丽英）、王实味、许之桢、朱仲芷（女）及何锡麟等译著、著作丰富的著名翻译家、作家。譬如，马克思《哥达纲领批判》、恩格斯《社会主义从空想到科学的发展》等名著即由柯柏年翻译。20 世纪 70 年代，柯柏年还担任《毛泽东选集》第五卷的英文翻译。

在蓝家坪简陋的窑洞里，袁文彬又捧起了那些久违了的如砖头般厚的外文书籍。两年前，他还在白区大上海商务印书馆编译所。两年后，他又坐到了陕北根据地中央马列学院编译室里翻译马列著作。

现年96岁的著名翻译家、教育家、中央编译局顾问何锡麟对袁文彬烈士记忆犹新，他说，袁文彬同志在编译室工作时间不长就调走了。

当时在延安马列学院图书馆工作，后任中央档案馆副馆长的裴桐回忆说："我们图书馆和编译组的同志是一个小组（支部），当时编译组的人不少，有柯柏年、何锡麟、王实味，他们是懂英文的，景林、袁文彬是懂德文的，何洛是懂日文的。主要工作是翻译马列原著，由解放社出版。"

由于国民党颁布了《限止异党活动办法》，对陕甘宁边区实行封锁，1939年春季，为了克服经济困难，中央号召各机关学校实行自力更生，开展大生产运动，就近开荒种粮。袁文彬和马列学院的同志一道，就在窑洞旁边不远的山坡上，开垦荒地。首先清除丛生的蔓草和成簇的刺窝，当他们发现杂草丛中有一种叫甘草的中草药时，十分兴奋，把它挖出来晒干泡茶喝。然后，所有同志一字排开，挥舞镢头从上到下把山坡翻挖一遍。这些握惯了笔杆子的文弱书生，操起镢头挖土的姿势显得笨拙滑稽。陕北是典型的黄土地，土质疏松，连一个小石头都找不到。所以一镢头下去就能挖到底，然后用力一带，泥土就松散了。

先期到达延安的陆友、张清、陆铨、孔湘桂、陈群、程敦淑等队员，听说他们的队长袁文彬也来延安了，十分激动。他们相约一起来到蓝家坪窑洞内的马列学院编译室看望了他们的老领导。自武汉分别后，想不到又在延安相逢，他们紧紧拥抱在一起，感到格外亲切。

这时，陆友已从鲁迅艺术学院音乐系毕业，并在该院工作，程敦淑从抗日军政大学毕业后，担任卢绪章的秘书。

程敦淑参加战地文化服务队前在上海中华女子职业学校读高中。她品学兼优，积极要求进步，担任了学生会主席，就住在校长罗叔章家中。中华女子职业学校是抗战初期由史良、罗叔章、沈兹

九、胡子婴四位著名的民主大姐，联合天厨味精厂老板吴蕴初的夫人戴女士和世界与中国社成员吴羹梅（即袁文彬在同济大学的同学吴鼎）的夫人高静宜等共同创办的。罗叔章当过宋庆龄的秘书。程敦淑当时担任罗叔章的秘密“交通员”，负责罗叔章和宋庆龄、何香凝三人之间的通信联络。

程敦淑考上大夏大学那年，正值八一三淞沪抗战爆发，她毅然放弃了继续上大学的机会，被罗叔章推荐参加了共产党领导的上海文化界抗日救亡进步团体——战地文化服务队，从而结识了才华横溢、文质彬彬的队长袁文彬。

程敦淑对团长袁文彬仰慕已久，在战地文化服务队时就对他产生了好感。她在武汉与袁文彬分别时还哭了鼻子。

“人家还以为见不到你了呢。”程敦淑想不到现在又和袁文彬在延安宝塔山下重逢。

“我说过嘛，我们还有相会的时候。”袁文彬还是那样乐观自信。

从此在宝塔山下，延水河畔，月光下，晨曦里，常常有袁文彬和程敦淑依偎在一起的身影。

“你们两个干脆结合起来好了。”

程敦淑羞涩地脸红了，一摸，滚烫。

“不行，我比小程年龄大，不合适。”袁文彬连忙推却，心里却跳得厉害。

“年龄大，好呀，懂得疼老婆。”

在延安的原上海战地文化服务队的战友，撮合他们结成了一对“抗战夫妻”。

没有浪漫的烛光、大红的地毯，也没有美酒鲜花，更没有戒指和婚纱。袁文彬和程敦淑，这两个一路从上海、南昌、武汉到延安的患难知己终于走到了一起。“喳喳喳……”两只花喜鹊落在窑洞外的枣树枝上，翘起尾巴向他们道喜。陆友、张清、孔湘桂、陈群等战地文化服务队的战友和袁文彬、程敦淑一道在清凉山麓一座简陋的窑洞内，吃了一顿简单的饭就算是婚礼。后来他们生了一个活泼可爱的儿子，就取乳名“抗生”——抗战时期出生。他们共同生活了半年后，程敦淑跟随袁文彬一起离开延安到了重庆八路军办事处。

重庆八路军办事处旧址。

后来陆友撰文回忆说，他和袁文彬这次窑洞见面后，他就奉命到了华北敌后抗日根据地。从此陆友和袁文彬分别，以后再也没有见过面。

20 世纪 80 年代初，陆友在给袁文彬的儿子袁抗生（程华龙）的信中动情地说：“我认为他（袁文彬——本书作者注）是我党的好党员，一位无产阶级的英雄战士。为党，为人民，为革命事业，献出了生命，是值得我深切怀念的好同志。这就是我的看法……因为他是我参加革命后的第一个领导，又是我去延安的具体帮助人。”

这时，周恩来从苏联养伤回到了延安。他的右臂虽治愈，但留下了残疾。袁文彬向周恩来汇报了战时文化服务队克服重重困难辗转来到延安的情况，并告诉周恩来他被安排在中央马列学院编译室工作。周恩来点了点头，说："文彬同志，你长期在白区工作，经验丰富，这样吧，跟我到重庆去。""学生听从安排。"于是，袁文彬和程敦淑又跟随周恩来从延安来到了重庆八路军办事处工作。

程敦淑出差到了贵阳，在八路军桂林办事处贵阳交通站，她认识了原八路军武汉办事处副官、八路军桂林办事处贵阳交通站站长袁超俊。不久，周恩来的父亲周懋臣和邓颖超的母亲杨振德也来到了贵阳交通站，程敦淑就和他们一起住在了贵阳附近一个叫"青岩"的地方。

1940 年 4 月，袁文彬肩负重大使命由重庆来到了贵阳交通站。他找到了程敦淑，与袁超俊接上了联系。他告诉袁超俊，他奉命前来秘密接送周恩来的父亲和邓大姐的母亲到重庆八路军办事处。本来八路军桂林办事处准备派车送他们到重庆，后来邓颖超打电话给袁超俊，让他们第二天就乘公共汽车走，有文彬同志护送她很放心。所以，他们四人乘坐的是普通民用长途客车，从贵阳到重庆需要两天时间，中途还要住上一夜。袁文彬陪周恩来的父亲住一间，程敦淑带着儿子袁抗生（程华龙）和邓颖超的母亲一起住。

袁文彬对周恩来的父亲特别照顾。绍兴人喜欢喝酒，晚上袁文彬还买了酒陪周恩来的父亲一起喝。邓颖超的母亲在一旁说，绍兴人是离不开酒的，但不能给他多喝。他们随身没有带什么东西，只有邓大姐的母亲带了一篮子黄豆粉馅的饼子。她说这是恩来最喜欢吃的。国民党政府对开往陪都重庆的车子都要严格检查。袁文彬他们一路上没有遭到日军飞机的轰炸，却遭到了国民党宪兵的检查，他们上车将邓颖超母亲篮子里的饼翻了个底朝天，幸亏没有查出什么。袁文彬把周恩来的父亲和邓颖超的母亲安全接到了重庆。

在重庆八路军办事处，袁文彬遇到了前来向周恩来请示工作的北伐老友、新四军军长叶挺和黄埔军校四期同班同学、已担任新四军政治部主任兼中共中央东南局常委、宣传部长的袁国平。这是自北伐战争后，袁文彬再次和叶挺相会，第一次与袁国平见面。

遵照周恩来的指示，为充实新四军军部干部，袁文彬于1940年夏天换上新四军军装和程敦淑离开了重庆八路军办事处，离开了周恩来，随叶挺、袁国平等一起到皖南新四军军部工作。

皖南新四军军部旧址。

和袁文彬一同到皖南新四军军部的还有一名女兵，她就是后来成为胡愈之夫人的著名民主大姐沈兹九。这时她已加入中国共产党。新中国成立后，沈兹九曾任全国妇联常委、民盟中央委员兼《中国妇女》杂志社社长、总编辑。

北伐战争时，北伐军先头部队第四军独立团团长叶挺和在北伐军总司令部政治部负责宣传工作的袁文彬就很熟，他向周恩来点名要袁文彬到新四军军政治部去工作。

"好嘛，叶军长你点将，要谁给谁。"周恩来同意了。

"你们都是北伐老战友，文彬和国平还是黄埔第四期政治科同班同学嘛，工作起来更方便。"周恩来和叶挺、袁国平、袁文彬、沈兹九、程敦淑一一握手，把他们送上了开往皖南的军车。军车徐徐开动了，周恩来依依不舍，向他们深情地挥着手。

周恩来自重庆和他们分别，没有想到半年后，在皖南事变中，叶挺被俘，袁国平不幸牺牲。一年后，袁文彬也血洒苏北盐阜抗日沙场。

这时候，新四军军部和中共中央东南局机关已从皖南歙县的岩寺（歙县的一个大市镇），转移到泾县章家渡以北一个叫云岭的小山村。这里以出产宣纸、徽墨和绿茶而闻名于世。云岭，山水景色优美。春天，满山杜鹃盛开。到了秋天，一片乌桕红叶似火。它南依清水悠悠的青弋江，西邻风景名胜黄山，北望波涛滚滚的长江。一身戎装的叶挺将军站在云岭高高的山上，面对祖国如此壮美的大好河山，不禁诗兴大发，挥毫写下："云中美人雾里山，立马悬崖君试看。千里江淮任驰骋，飞渡大江换人间。"

临行前，程敦淑抱着襁褓中刚牙牙学语的袁抗生，教他和爸爸再见。

在云岭村周围分布着同样规模的小山村。新四军军部驻罗里村，东南局驻丁家山村，总兵站驻章家渡，战地服务团驻新村，政治部驻在汤村。

在皖南云岭新四军军部，

袁文彬又遇到了在武汉见过面的北伐老友、新四军秘书长李一氓，这是他们自北伐革命战争后再次并肩战斗在一起。

程敦淑因为健康原因带着才8个月的儿子袁抗生（程华龙）和袁文彬在皖南新四军军部分别，回到了皖南屯溪老家养病。临行前，程敦淑抱着襁褓中刚牙牙学语的袁抗生，教他和爸爸再见。小抗生朝袁文彬摇了摇手，嘴咧了咧。袁文彬抱过儿子叭地亲了一下。程敦淑抱着儿子上了车，和袁文彬依依惜别。袁文彬深情地目送他们母子渐渐走远，一直到他们消失在视线里。

袁文彬和程敦淑分别后不久，他就奉命从皖南新四军政治部跟随陈毅到了苏南，最后到了苏北盐阜抗日根据地。由于战争环境险恶，战事频繁，袁文彬和程敦淑联系渐渐少了。为了安全起见，袁文彬写给程敦淑的书信后来在皖南事变中都被她烧掉了。

程敦淑想不到这次和袁文彬分别竟成了诀别，从此她和儿子再也没有见到过袁文彬。后来，程敦淑回忆袁文彬时说："我们相处的时间虽短，但他的坚强性格始终给我以力量。"

袁文彬离家后，周淑贞一人无法照料五个子女，袁文彬的弟弟袁文彰主动把侄子袁振东、袁振兴兄弟接到了家中抚养。袁文彰和他的大学同学、日本妻子田千香从日本回来后同在上海暨南大学教书。

抗战爆发后，暨南大学南迁。袁文彰跟随他的老乡、校友吴开先到上海市社会局任第四处处长、国民政府高级参议。袁文彰把袁振东兄弟送到松江念完了小学。那时袁振东刚8岁，他在叔叔家的旧书架上翻看到一些书，上面有北伐军总政治部的情况及他父亲和周恩来、李一氓、阳翰笙、夏衍等同志工作交往的记载。遗憾的是那些书后来都被姑姑当做旧书处理掉了。袁振东在那些旧书中曾翻看到一张父亲的旧照片，那是北伐时期父亲穿军装拍的半身像。当时，袁振东住在叔叔家，想把这张照片收藏起来，又没地方放。后来叔叔离开大陆到了台湾，这张珍贵的照片再也见不到了。

第十一章　转战盐阜　不幸被捕

这时，驻花川港的日、伪军在中队长竹田的带领下下乡“扫荡”。他们沿途发现大佑公司亮着昏黄的灯光，便悄悄摸到大佑公司，迅速把公司包围了起来。外面放风的人慌慌张张地进来报告：“方县长，不好了，日、伪军来‘扫荡’了！”

方强洗完澡刚穿好衣服，准备回去，突然被来洗澡的汉奸、伪副营长卞兆仁一眼发现，他故意与方强热情地打招呼：“这不是方主任嘛，你也来洗澡啊！”一旁的苏瘦鹤吃了一惊。

1940 年金色的秋天，正是苏北一望无际的黄海之滨金黄的野菊花、苦菜花遍地开放的季节。黄克诚率领八路军第五纵队南下，与陈毅挥师北上的新四军苏北指挥部在取得苏中黄桥决战胜利后继续北上，这两支队伍的先头部队在盐城以南白驹镇一个叫狮子口的村子胜利会师。诗人陈毅在当时的新四军苏北指挥部海安东寺庙闻讯后，豪情万丈，一手叉腰，一手挥毫激动地写下了“十年征战几人回，又见同侪并马归。江淮河汉今谁属？红旗十月满天飞”的著名诗句。

接着，陈毅和黄克诚率领两股铁流继续北上，一举解放了被日、伪占领的盐城，东进盐阜地区，开辟苏北盐阜抗日根据地。八路军新四军华中指挥部随之由海安东寺庙迁往盐城泰山庙。

早在 1939 年 2 月，周恩来代表党中央来到皖南新四军军部传达中共六届六中全会精神，确定新四军的战略方针是向南巩固，向东作战，向北发展。11 月，刘少奇到达华中，提出和确定了我党我军在华东地区的战略决策：向东发展，以苏北为战略突击方向，大力发展以苏北、皖北为中心的敌后抗日根据地。他在给党中央的电报中讲，最有希望的地区是苏北，应向苏北大发展。毛泽东同意了刘少奇的战略决策，并致电八路军总部，指出，华中是国共必争之地，目前形势尚不十分紧张，正是南移的好机会。黄克诚纵队及彭（明治）、朱（涤新）支队应立即转移华中。这才有了 1940 年 10 月，八路军第五纵队（后来改编为新四军三师）第一支队和新四军苏北指挥部在盐城胜利会师的一幕。

1940 年 11 月，袁文彬积极响应中共中央发出的“开辟苏北，发展苏中”的指示，被新四军政治部派往苏北盐阜地区开辟新的抗日根据地。袁文彬岳父周善培在盐阜地区与人合股创办了泰和盐垦公司，可方便掩护其开展工作。

泰和盐垦公司创办于 1918 年，1922 年开始施工办垦。总公司设在盐城伍佑镇，董事会在上海。董事长是曾任清朝陕西巡抚、四川总督、两广总督的岑春煊，周善培是董事之一。他曾住在伍佑镇监督筑堤、挖河和开垦。现在流经大丰市方强镇、三龙镇的南直河、三里河和护龙河就是当年泰和盐垦公司开挖的。南与斗龙港贯通、北和西潮河相连的护龙河又是当时盐部和垦部的分界处。这些静静流淌了近百年的河流，至今还在滋润着盐东这片大地。

袁文彬化名方强，带领新四军民运工作队从皖南新四军军部跋山涉水、突破敌人层层封锁线，来到苏北盐城华中八路军新四军指挥部报到。

皖南事变前，苏南的形势已紧张起来。不仅国民党军队阻挡新四军北上的路，而且日、伪军也严密封锁了铁路和沿线的村庄。同时，他们还封锁了大运河和长江，并把所有船只全部管制起来。袁文彬和民运队的同志脱下军装，换上便服，装扮成老百姓。他们在地方党组织和老百姓的掩护下，设法分散渡江北上，终于来到了苏北盐阜抗日根据地。

方强一行到盐城后，参加了盐阜区委（对外称盐阜区八路军后方办事处）举办的第一期民运干部总队训练班。12 月，训练班结束后，方强被任命为盐城县二区民运队队长，寇友信（后任盐城县二区教导员、盐东县委组织部部长）为副队长，带领新四军民运队员来到盐城县二区开展民运工作。

历史上，苏北盐阜地区是有名的土匪、海匪出没的地方，新四军来到这里后，国民党顽固派更利用土顽、匪特、封建会道门武装纷起作乱。他们相互勾结，散布谣言，打砸抗日政府，残害群众，杀害革命干部，无恶不作。方强和寇友信被分配在群众基础薄弱的盐城县二区（串场河以东到海边、斗龙港以北、黄沙港以南）伍佑以东引水沟（今大丰市方强镇、三龙镇）一带开展民运宣传工作。由于二区向东一直到茫茫海边，管辖范围较大，1941 年 5 月，二区政府在东部边远地区引水沟（今大丰市方强镇引水村东南）设立了大佑、泰和、黍稔、以洽、孔秭、正皆、南灶等七乡办事处，开展民主建设工作。七乡办事处后来称“东乡办事处”，办事处主任起初就是寇友信。

新四军民运队的同志大多是知识分子，其中有不少是女同志。

开始民运工作队住在离引水沟不远的泰和盐垦公司办事处，房子宽敞，一天三顿吃大米、白面，有鱼、肉。他们派人找来农民了解情况，农民都推托不愿意来，即使勉强来了也不愿说实话。方强感到很奇怪，后来他个别了解到，原来他们吃住在泰和盐垦公司办事处，又都穿着和国民党军队一样的灰布军装，群众以为他们和泰和公司的资本家老板是一伙的，是国民党派来抽壮丁的，所以见了他们就躲。

方强当机立断把民运工作队从泰和公司办事处撤了出来，并要求大家脱了军装，换上便装，分派到农户家庭，睡地铺，和农民一起吃住，打成一片。农民这才知道他们是共产党领导的新四军，是贫苦人自己的队伍，渐渐信任了他们，亲切地称他们为“新民（新四军民运队简称）同志”，并开始和他们讲真话。贫苦农民的迫切要求是借粮、借种子和减息。“新民同志”还采取和农民结对子、女同志认干妈妈、结姐妹的办法，广泛宣传党的抗日主张，发展党员，建立起党的组织。

盐东地区第一批党员和党组织就是方强带领新四军民运队来到这里后发展和建立起来的。

时值灾荒年景，加上日、伪洗劫，乡村十室九空。群众没有粮食吃，只得采摘荒滩上既苦又涩的盐蒿籽充饥。一些不法地主、粮商借机囤积居奇，放高利贷剥削群众，根据地党政军人员也都到了缺衣少粮的窘境。

方强公布了盐城县抗日民主政府减租减息条例：一、借钱还钱，年利不得超过一分五厘，利过一半，停止付息。二、借粮还粮，年利每百斤不得超过十八斤，月利不得超过一斤半。实行“二五”减租（即地主按抗战前的租额减少百分之二十五）、“四六”分收（把原来地主、佃户收获各半改为地主收四成、佃户收六成）。方强带领民运工作队通过召开保长座谈会，向地主和绅士说明组织农救会，实行减租减息的意义和政策。动员这些地主、绅士为了抗日救国，拿出一些多余的粮食，借给缺粮的农民，并适当减少一些利息。方强和民运工作队到城镇乡村征集公粮，深入农户，访贫问苦，并发动农民向地主、富农借粮。有的农民害怕，白天借了晚上还。方强迫使地主、富农写下字据，农民才开始借粮。群众借到了粮食，烟囱升起了袅袅炊烟，冰冷的锅灶又冒起了热气，农民又吃上了热腾腾的饭，家家欢天喜地，他们从内心感谢抗日民主政府，感谢新四军民运工作队。

方强深入各乡向农民宣传农救会的好处，动员大家组织起来，通过农救会向地主借粮、借种子，实行减租减息。帮助建立了农救会（农民抗日救国会的简称，也叫农抗会、农会）、灶救会、青抗会、妇救会、儿童团等抗日救国群众组织。动员青年积极参军，成立民兵组织，改编地方武装，发展和建立区乡武装。团结各阶层人士抗日，打鬼子、锄汉奸、抓土匪。“吃菜要吃白菜心，当兵要当新四军。”原来沉寂荒凉、一片空白的盐东大地活跃起来，像黄海大潮一样涌起了抗日怒涛。

1941 年初，方强举办了二区民运干部训练班，宣传马列主义和抗日救国的道理，培养积极分子，从中吸收先进分子入党。不少贫苦农民和知识分子在方强的培养和教育下，提高了觉悟，加入了党组织，参加了革命。大同乡（今属大丰市方强镇）23 岁的青年教师程步凤就是其中的一位。他曾任三总墁地方小学教师。新四军民运工作队来到这里后，他投笔从戎，积极报名参加民运训练班，毕业后入了党，走上了革命道路。他曾任老墩乡（今属大丰市方强镇）乡长，积极宣传抗日，发动群众减租减息，征集公粮。他以善用双枪而闻名，让日、伪胆寒。在程步凤的影响下，他的哥哥、侄子和爱人沈颖都参加了革命。全家四人五条枪，人称“程家四虎”。

1943 年 12 月，伪三十三师营长柏成香带领一股伪军在伍佑至龙王庙（今属大丰市三龙镇）之间的咸家跳（桥）口（今属大丰市方强镇）设置了据点。中共伍佑区委书记程步凤奉命率领区队和盐东县总队400人雨夜突袭咸家跳，当场打死十多名伪军，活捉伪连长马国栋和伪军七十多人，柏成香抱头逃窜。程步凤一举收复了咸家跳，救出了他的嫂子等16名被捕的群众和干部。程步凤在解放战争时期担任盐东县总队副政委兼伍佑区区委书记时壮烈牺牲，年仅27岁。程步凤牺牲后，盐东县民主政府在引水沟以北坞圻港（今属亭湖区盐东镇）举行了追悼大会，中共盐阜区党委宣传部副部长周一萍参加。为纪念程步凤烈士，上级党组织将盐东县伍佑区命名为盐东县步凤区。现盐城市亭湖区步凤镇即以其命名。

方强和贫苦农民吃住在一起，用现在领导干部流行的说法叫"三同"：干部和群众同吃同住同劳动。他一身布袍，一双草鞋，睡地铺，吃粗粮。他平易近人，没有官架子。如果他不是讲一口上海普通话，他的模样看起来，更像村里的教书先生。他从农家走了以后，人们才知道那位戴圆边黑框眼镜，穿灰布袍、草鞋，一副先生模样的人就是新四军派来的民运工作队队长。

当时在盐东工作的方强到底什么模样，见过的人很少，即使见了面也不一定认识，因为他的身份是保密的。2010年8月，笔者在大丰市三龙镇工作，接待了前来投资办厂的台湾商人柏枫林先生。柏老先生已85岁高龄，精神很好，记忆力惊人。他老家原住在盐东县斗龙区陆舍乡新坍子柏家墩（今属大丰市三龙镇新坍村）。我告诉他，我原在新坍村临近的方强镇工作，正在写作方强烈士传记，问他有没有见过方强本人。没想到，他脱口而出："方强啊，我很熟悉。"说到往事，老人如数家珍。他说，方强是化名，是中央军校（国民革命军中央军事政治学校简称，即黄埔军校）毕业的。方强当初到盐东地区开辟工作时就住在他家。柏枫林那时15岁，是盐东中学（今属亭湖区南洋岸镇）儿童团团员，对方强印象很深。他说："方强个子不高，不到1.7米的样子，身体不太好，比较瘦弱，两腮有点瘪，戴一副圆边黑框眼镜，平时言语不多，不抽烟，喝点酒，很斯文。方强那时刚 40 岁，头发已经花白。方强带领新四军民运队来我们家乡的时候正是寒冷的冬天，他穿一身棉布袍，圆口布鞋，袍子里佩一支驳壳枪。”

柏枫林家住在南直河北南柏家墩（今属大丰市三龙镇），西潮河以北也有一个柏家墩，叫北柏家墩（今属亭湖区盐东镇）。当时柏枫林家有祖上留下来的土地五百多亩，有 4 个佃户，4 幢 12 间砖墙草盖的房屋，另外还有 5 座盐灶，家中殷实，是远近闻名的大地主。柏枫林父亲去世得早，他母亲当家，人们称他母亲为“秦二奶奶”。柏枫林的哥哥柏枫传又兼任陆舍乡一保保长。所以方强住在秦二奶奶家可以作掩护。后来新四军谭震林、粟裕、黄克诚、吴法宪和曹荻秋等领导干部来到盐东时都曾住在秦二奶奶家。

方强当时只一人住在伍佑港南的柏枫林家。民运队的同志住的地方都是轮换的，往往前面的人走了，后面的人才住进来，也不固定住在同一户人家，住上一段时间后，根据工作需要，又换住另一户人家。方强除住过柏枫林家外，还曾住过伍佑港北柏枫林的婶妈“杨老奶奶”家。方强常常早上出去，晚上才回来。白天，他深入到农户家中访贫问苦，宣传党的抗日主张，培养积极分子，发展党的组织。他和农民一起干活，一边剥玉米一边拉家常。在农家也是粥饭随便，青菜汤萝卜干，农民吃什么，他吃什么。

1941 年 1 月 4 日，蒋介石调动大批军队对奉命北撤的新四军发动突然袭击，制造了震惊中外的皖南事变。方强的黄埔军校第四期同学、年仅 35 岁的新四军政治部主任、中共中央东南局常委兼宣传部长袁国平不幸遇难。中共中央决定，在苏北盐城重建新四军军部，陈毅任代军长，刘少奇为政治委员。中共中央华中局、新四军军分会、华中党校、抗大五分校、鲁艺华中分院、江淮银行及《江淮日报》等机构相继在苏北盐城设立。苏北盐阜地区一时成为华中敌后抗战的政治、军事、经济和文化中心，也成了插入日、伪心脏的一把锋利的钢刀，对沪、宁、蚌、徐、连的日、伪军构成了极大威胁。日、伪狂妄叫嚣要“完成皖南事变未尽之功”，于是将军事进攻矛头指向苏北，包围盐城。

7 月，为消灭苏北新四军军部及新四军主力，日本侵略军调集江南第十三师团、宝应第十七师团小林部和独立第十二旅团南浦部，加上李长江、杨仲华伪军共一万七千余人，由第十二旅团长南浦襄吉为总指挥，在飞机大炮掩护下，从东台、兴化、合德、陈家洋兵分四路对华中抗日民主根据地指挥中心苏北盐城进行大清乡、大“扫荡”。

方强率领地方部队和机关工作人员积极配合新四军三师主力部队作战，与日、伪军巧妙周旋，多次粉碎敌人的“扫荡”。他几次险遭日、伪军活捉，一次敌人追上来，他灵机一动，钻进了老乡的厨房，藏起了枪，把眼镜摘了，脸上抹上锅灰，化装成正在烧锅的农民而幸免。

在这次夏季大“扫荡”中，原方强领导下的战地文化服务队成员、时任鲁艺华中分院戏剧系主任、杰出的戏剧家许晴和盐城县二区区委书记唐齐贤在突围中不幸壮烈牺牲。

许晴曾和白杨等著名演员同台演出过进步话剧。白杨的姐姐杨沫失学失业后，曾在许晴开办的进步书店当店员。许晴在北平模范监狱坐牢时，杨沫常去探望，与之结下了深厚的革命情谊。杨沫在她的长篇小说《青春之歌》中，以许晴为原型塑造了许林的艺术形象。许晴获释后，从北平来到上海，经于伶介绍到学校编导儿童戏。八一三淞沪抗战后，许晴应中国佛教协会主任秘书赵朴初之邀，到难民收容所工作。不久，他辞去了难民收容所的工作，参加了袁文彬领导的战地文化服务队奔赴昆山抗日前线。后来，他离开武汉去安徽从事抗日文艺活动，又随刘少奇来到盐城，任盐城县文教科科长、鲁艺华中分院戏剧系主任。许晴、丘东平等在盐城北秦庄牺牲后，延安《解放日报》发表了这一不幸的消息。

唐齐贤于 1940 年 10 月随黄克诚率领的八路军第五纵队东进

盐阜地区，任八路军驻盐城办事处秘书。他牺牲后，盐阜区将他曾经战斗过的地方命名为“齐贤乡”（今属大丰市方强镇）。1945年6月，划区撤乡，又设立齐贤区。现在仍有以唐齐贤烈士命名的“大丰市方强镇齐贤村”。

1941年8月，日、伪军占领盐城后，新四军军部和中共中央华中局机关从泰山庙撤出，转移到了阜宁县陈集镇停翅港村。苏北盐阜区党委决定将盐城县划为盐东、西南、西北三个片，分别成立了行政公署，直属盐阜区党委领导。方强兼任盐东行政公署主任。不久，伍佑、便仓、南洋岸、花川港等相继被日、伪军占领，盐城东部地区成了敌后。

盐东行政公署成立后，方强颁布了政府工作纲要和施政纲领，提出反贪污口号，发动群众惩处和撤换了一些反动乡、保长，揭发斗争了那些残酷剥削和压迫人民群众、有贪污劣迹的旧机关人员。他团结地方开明绅士及旧政人员，做好统一战线工作，从而改变了基层政权由少数豪绅、地主等封建势力把持的局面，稳定了人心和地方秩序，为以后建立抗日民主政府打下了坚实的基础。

9月，苏北盐阜区行政公署成立，根据阜宁以南主要交通线被日、伪军占据，根据地被分割、不便管理的形势，中共中央华中局决定将原盐城县境一分为三，即新成立盐城、盐东、建阳三县。将串场河以东、黄沙港以南、斗龙港以北地区划入盐东县范围，下辖6个区。确定原盐城县委宣传部部长金韬同志（新中国成立后任浙江省委宣传部长）任新四军盐阜区盐东县县委书记兼盐东县总队政治委员，方强同志为盐东县县长兼县总队队长（尚未对外公开，方强同志即牺牲）。方强一方面组织力量配合全区粉碎日、伪军“扫荡”，另一方面积极着手筹备成立盐东县抗日民主政府。

1941年10月，在盐东县抗日民主政府正式宣布成立前夕，为动员各界出钱出枪组织抗日武装，方强带领税务主任陶谷（后任盐东县一区副区长）、妇女主任兼指导员张琼英（又名张曼娟）和通信员王锦亮四个民运队的同志来到盐东县三区大佑公司(今亭湖区黄尖镇指南村附近)预借公棉,支援抗日。会议一直开到深夜。远处传来几声狗叫,方强掏出怀表在油灯下一看,马上12点了。他说,时间不早了,今天就到这里。这时,驻花川港(今属亭湖区黄尖镇洋湾村)的日、伪军在中队长竹田的带领下,下乡“扫荡”。他们沿途发现大佑公司亮着昏黄的灯光,便悄悄摸到大佑公司,迅速把公司包围起来。外面放风的人慌慌张张地进来报告:“方县长,不好了,日、伪军来‘扫荡’了!”方强神情镇定,说:“大家不要慌,跟我来。”他迅速“啪”地一口吹灭了油灯,拔出枪,组织大家突围。

顿时,黑沉沉的芦荡四周响起稀疏的枪声,强烈的手电筒光柱在密密的芦苇荡里扫来扫去。张琼英首先被捕。方强跨越濠沟时不慎落水,他趁势把枪扔进了水里。“抓活的!”这时日、伪军端着枪、打着手电筒吆喝着一齐围了上来,方强也不幸被捕了。他听到日、伪军在嘀咕:他妈的,跑了两个。他知道陶谷和王锦亮已安全脱险,才松了口气。

敌人抓获了一男一女,不认识他们,自然不知道他们的真实身份。从他们身上没有搜出任何东西,除了方强身上那只不值钱的怀表。敌人显然很失望。

“统统带走!”敌人将方强和张琼英连夜押送到了南洋岸据点。方强知道自己身份还没有暴露,途中他为自己编了一个叫“赵群行”的假名,并佯称是上海大陆洋行的管账先生。

到了南洋岸,敌人开始了审讯。方强沉着机智,都用一口流利的上海普通话回答。

“你叫什么名字?”

“赵群行。”

“哪里人?”

“上海大陆洋行的管账先生。”

“到这里干什么?”

“收账。”

“收账？看到我们跑什么？”

“我们以为是海匪打劫的。”

“他妈的，老子是海匪？”

“不是，老总误会了。”

“那两个跑了的是谁？”

“都是和我们一起做生意的。”

敌人上上下下仔细打量着方强：只见他一身旧灰布袍，脚上穿着一双草鞋，戴一副圆边黑框眼镜，说话文绉绉的。敌人摇了摇手说：“你的新四军的不像。”

敌人又指着方强身旁的张琼英问：

“你和他是什么关系？”

“我……”

张琼英低下头，脸红了，一时语塞。

方强见状连忙接过说：“报告皇军，她是贱内。”

敌人觉得这个“赵群行”赵总管既然是上海洋行的管账先生，一定很有钱，不如乘机敲他一下竹杠。

“你可以走了。”敌人指着张琼英说。他们将赵群行的“贱内”张琼英放了，让她回去拿钱来赎人。

张琼英不忍舍下方强一人离去，她还在犹豫。

敌人急了：“别他妈磨磨蹭蹭的，想你男人早点回去就赶快回家拿钱来赎！”

方强似乎看出了张琼英的心思，故意瞪了她一眼：“还愣着干什么，快回去拿钱呀！”

张琼英会意地点了点头，她刚走了几步，又回头深情地看了方强一眼，默念着：“方县长，我走了，你要保重。”

方强期待的目光与张琼英相遇，她的目光告诉方强：“方县长，你等着，我们一定救你回去。”

方强朝张琼英坚定地点了点头。他目送张琼英依依不舍地走远了。

“他妈的,快走!”敌人用枪托重重抡了一下方强的屁股。敌人把方强当做可以榨取油水的商人押解到南洋岸据点后,又把他转移到了盐城。最后敌人把方强押送到了伍佑区,当做一般商人交给了驻守伍佑镇的伪军三十三师师长孙建言部属沈锡明团部。

日、伪军又对方强进行了审讯拷打,方强坚贞不屈,一口咬定他是大陆洋行的管账先生。“妈的,看样子真是个洋行的商人!”敌人打累了,满头大汗,气喘吁吁,扔掉了皮鞭,坐下来抽烟。他们面对戴一副眼镜、穿一身布袍、一双草鞋的一介文弱书生,无论如何也无法把他与一名堂堂的新四军县长联系起来。敌人没有办法,只得把方强先关押起来,等家人交了赎金再放他回去。

陶谷、王锦亮突围回来立即向组织报告了方县长在大佑公司不幸被捕的消息。这时张琼英也匆匆忙忙跑了回来,她说,敌人还没有认出方县长,他告诉敌人假称是大陆洋行的管账先生,他的身份暂时还没有暴露,敌人说只要交出赎金就可以放人。

“一定要想办法把方强同志营救出来。”中共盐阜区委开始多方积极组织营救方强。

方强在苏北盐城不幸被捕的消息很快传到了上海,妻子周淑贞焦急万分。这时她才知道丈夫已从皖南新四军军部来到了苏北盐城,并化名赵群行。她找到了父亲周善培,告诉他袁文彬在苏北盐城泰和盐垦公司不幸被捕,央求他一定要设法把袁文彬营救出来。

中共盐东县委很快派二区区长唐小什、教导员寇友信找到了与我党有联系的伍佑镇开明绅士、商会会长苏瘦鹤先生,请他出面,与伪军一二九团团长沈锡明交涉。

苏瘦鹤早年毕业于上海正风中学,先考进复旦大学政法系,后又转入大夏大学学习,毕业后回到伍佑小学任教。他戴一副圆边黑框眼镜，为人厚道，诙谐幽默，博闻广见。他与中共早期地下党员智建中相往，在伍佑商界声望较高。

1940 年 10 月，八路军第五纵队南下，伍佑商界人士王学海等人摇摆不定，对共产党持怀疑态度，他们就去找商会会长苏瘦鹤，问："苏会长，八路军将到，我们怎么办？走，还是不走？"苏瘦鹤抽了一口水烟，直截了当地回答："不要走，八路军是抗日的部队，你们不要轻易听信谣言。"当八路军第五纵队第一支队到达伍佑镇时，苏瘦鹤组织了上百人的队伍热烈欢迎南下的八路军。1941 年，他当选为伍佑商会会长。7 月，日军石井大队一小队和汪伪三十三师孙建言师部及一二九团团部占领伍佑后，二区政府撤出了办公地观音阁。苏瘦鹤随二区政府一起转移到伍佑以东引水沟一带。不久，区长唐小什让他再回伍佑继任伪商会会长，与中共党组织继续保持联络。

唐小什、寇友信很快找到了苏瘦鹤，苏瘦鹤听说是营救被关押在伍佑的新四军盐东县县长方强，满口应承了下来。苏瘦鹤来到祐圣观一二九团团部找到了团长沈锡明，双方经过讨价还价，最后沈锡明看在商会会长苏瘦鹤的面子上，同意由伍佑商会拿出 15 担皮棉的价钱（大约 7 000 元钱）保释"赵群行"。

当时 15 担皮棉的价钱是个不小的数字，伍佑商会自然拿不出这么多的钱。苏瘦鹤写了一封信，立即派茶房王世连送给唐小什，要他尽快筹款。由于当时根据地极端困难，钱款一时无法凑足。苏瘦鹤又找到沈锡明商量，问钱少点行不行。沈锡明手一舞，说："不行，这已是最低价了，什么时候筹足钱就什么时候放人。"伪军把方强临时关押在伍佑镇观音庙内一座阁楼上，派兵看守起来。

观音阁，又叫紫竹禅林。始建于明朝万历年间，共有三间大殿，有住房和厢房一百多间。伪军三十三师师部和一二九团就驻扎在这里。日、伪军占领观音阁前，这里曾是二区政府机关所在地。送饭的人悄悄带信给方强，让他耐心等待，正筹款赎人。

丈夫被捕,生死未卜。远在上海的周淑贞坐卧不安,她每天烧香拜佛以求菩萨保佑,丈夫能被平安释放。

周善培为营救自己的女婿也在紧张地四处奔走找人打通关节。最后,周善培找到了方强的同学、避居松江的高尔柏,由他出面请陈陶遗老先生找到伪军军长杨仲华(三十三师师长孙建言是其部属)的弟弟,再转请杨仲华写信给驻伍佑镇的伪三十三师师长孙建言,请他放人。

方强的表弟李庆连怀揣杨仲华的亲笔信从镇江乘船过江来到了泰州,他听说去苏北盐城路途复杂,十分危险,再加上他途中突患急性痢疾,拉稀不止,无法继续北上盐城,只得又返回上海。后来,李庆连听说朋友季明要去海安,季明在新四军后勤部有熟人,李庆连又委托季明把信送到伍佑。

当季明辗转来到伍佑镇后,找到一个姓秦的熟人打听,那人悲痛地告诉他:"你来迟了,方县长早已牺牲了。"李庆连知道后,后悔不已,捶胸顿足。他觉得对不起表哥,更对不起表嫂。

就在伍佑区筹足款项、孙建言准备释放方强的时候,伍佑镇上两个伪军兵痞蔡国栋、卞兆仁出卖了方强(一说是伪营长柏成香出卖了方强,关于柏成香出卖方强的版本在方强镇流传较多)。当蔡国栋、卞兆仁听说观音庙阁楼上关着一个上海来的大陆洋行的木材商人时,也想去敲点钱喝老酒。他们兴冲冲地上了小阁楼,发现木材商人蒙着被子在睡大觉。他们猛地掀开被子:"起来!"

方强警惕地一跃而起:"干什么?"

蔡国栋、卞兆仁吓了一跳,他们瞪大眼睛仔细一看,原来是熟悉的方强,根本不是什么木材商人,不由得吃了一惊:"啊?方主任……"

方强扶了扶眼镜,锐利的目光剑一般直刺蔡国栋、卞兆仁:"是你们!"

蔡国栋、卞兆仁吓得后退了一步,两人你看看我,我看看你:

"方、方主任，我……我们不知道是你……"

这两个兵痞原来都是土匪，后来被方强收编过来，编入二区模范大队（原国民党盐城县二区常备队士兵收编成立）。日、伪军占领盐城后，模范大队十四中队队长柏成香与十三中队的卞兆仁密谋反水，他们又投靠了伪军三十三师孙建言部。柏成香被委任一三〇团第三营营长、卞兆仁为副营长。

当蔡、卞两人发现床上躺着的是新四军民运队队长、盐东行署主任方强后，激动得忙不迭地跑下楼梯，慌乱中还栽了跟头。他们既兴奋又害怕，兴奋的是升官发财的机会到了，害怕的是一旦被新四军抓到，人头就不在肩膀上了。

"不好，这两个兵痞一定去告密了。"方强见这两个兵痞急匆匆下了阁楼，他想喊回他们已来不及了。两个兵痞离开阁楼后，又回头看了一眼站在窗前注视他们的方强，相互对视了一下，脸上露出了一丝得意的笑容。

方强在阁楼上，紧张地来回踱着步。他额头上已沁出了一层密密的汗。他完全没有想到自己会栽在这两个曾是自己部下的伪军手里。

不过，这两个出卖方强的汉奸在升官发财后，提心吊胆，并没有过上多少好日子，在抗战胜利后都被人民政府正法。1945 年春，柏成香流窜到刘庄时被抓获处死。这年年底，卞兆仁与大恶霸杨作舟一起在伍佑经公审后伏法。汉奸的最后下场大抵如此。

关于方强被汉奸出卖还有一个版本。

在当年盐城县政府二区、伪三十三师师部所在地伍佑镇，笔者找到了苏瘦鹤 70 岁的儿子苏颐老先生，苏颐戴一副眼镜，写一手旧体诗，被称为伍佑"五大才子"之一。他向我如数家珍地叙说了小时候听父亲讲述的方强烈士当年被汉奸卞兆仁出卖的另一个版本。

方强被捕后，身份没有暴露。党组织派与我党有联系的开明绅士苏瘦鹤保释方强。苏瘦鹤派一个叫陈四连子的人到陆三桥口与我方盐东县送款的王德元、陈达两人约好，双方以香烟火为号接头取钱。这个陈四连子胆很小，害怕被敌人发现，没有与我方人员及时接上头。后来由苏瘦鹤出面担保付款，伪团长沈锡明才同意释放方强。方强在即将被释放时，对苏瘦鹤说，他有好长时间没洗澡了，想去浴室洗个澡。苏瘦鹤就把方强从观音阁楼上带出来，到伍佑街上一个叫“小兰亭”的浴室洗澡。事情就出在这个浴室里。

伪三十三师一五三团团部就驻守在苏瘦鹤开办的“苏顺丰烟家”大厅里。所以苏瘦鹤与一五三团团长王法祥很熟。王法祥带领的这个团，装备精良，以打仗勇猛著称。孙建言平时打仗就靠这个一五三团。苏瘦鹤告诉王法祥，他有一个同学被关在一二九团团部。王法祥问是谁，苏瘦鹤说叫赵群行，是上海大陆洋行木材商人，和他在上海读书时是同学。他想请王团长出面与沈锡明团长打个招呼，由他担保负责付款。王法祥很爽快，说苏会长的事就是我王某的事，你放心，这区区小事包在我身上。王法祥找到了沈锡明，沈团长没说二话，果然同意。

由于王法祥的介绍，苏瘦鹤进出关押方强的观音阁很方便。王法祥和苏瘦鹤一起去看望了他的同学“赵群行”，赵群行与王法祥也熟悉了。渐渐地，他们成了无话不谈的朋友。赵群行与王法祥谈论，日本侵略者总有一天要滚蛋，最后胜利将是中国人民的，你要给自己留一条后路。王法祥觉得商人赵群行思想激进，才华横溢，很佩服他。在方强的宣传感召下，王法祥对共产党抗日队伍有了新的认识。他的思想渐渐倾向于新四军。不仅王法祥，连看守方强的伪军都被方强做通了工作，所以他们对方强看管不是很严。苏瘦鹤进出自如，常带着棋盘来观音阁与方强对弈一番。

开始苏瘦鹤要带方强出来洗澡，沈锡明犹豫了一下，他说这个事要请示师长孙建言。孙建言不同意苏瘦鹤把方强带出来。苏瘦鹤只得又去找王法祥，他向孙建言以自己人头担保。孙建言看在王法祥的面子上，才勉强同意苏瘦鹤把方强带出观音阁。

方强洗完澡刚穿好衣服，准备回去，突然被来洗澡的汉奸、伪副营长卞兆仁一眼发现，他故意与方强热情地招呼："这不是方主任嘛，你也来洗澡啊！"一旁的苏瘦鹤吃了一惊。心里嘀咕：这么凑巧，偏偏这狗日的也来洗澡。这时，在门外团部的警卫人员闻讯立即冲了进来。卞兆仁慌忙指着方强激动地告诉警卫人员，他、他就是新四军盐东行政公署主任方强！

卞兆仁原是海滩上的土匪，曾被方强收编到地方部队。日、伪军占领盐城后，柏成香和他又投降了伪军三十三师孙建言部，分别被提了正、副营长。因此他认识方强。

事后苏瘦鹤感到很后悔。如若他不把方强带出来洗澡，说不定也遇不到卞兆仁。他帮了方强，却又害了方强。

方强被伪副营长卞兆仁指认后，很快从团部被提到了师部军法处。他被孙建言命令秘密活埋后，王法祥才知道他的知心朋友赵群行牺牲了。他为自己没有救下朋友而悔恨不已。为此，他来到祐圣观师部找孙建言发了一通火："你活埋赵群行为什么不告诉我，你太不信任王某了！"说完把腰间盒子枪往孙建言桌了上一拍，老子不干了！孙建言打仗就靠王法祥这个团。他连忙安抚了王法祥一番，说："王团长息怒，不是我不信任你，而是我担心夜长梦多。赵群行原名叫方强，他是共产党盐东行政公署主任，若不立即处死，新四军一旦来营救方强，那样事情就闹大了。"

后来，伪三十三师调防伍佑镇后，在1945年春阜宁战役中被新四军三师全歼。

方强牺牲后，王法祥在1945年10月解放伍佑战斗中，带领他的团投奔了新四军。这时，盐城已被我军包围。王法祥又想起了他的朋友、盐东县县长方强曾对他说过的话，他要求到盐城城内做敌军策反工作。占据盐城的是伪军第二方面军第四军军长赵云祥，在王法祥及我党地下工作者的劝说下，赵云祥深明大义，出城签字投降，结束了盐城的战斗。新四军不费一枪一弹，解放盐城，王法祥功不可没。方强在地下可以安息了。

方强身份暴露被送师部后，苏瘦鹤也受到了孙建言的怀疑。为了苏瘦鹤的人身安全，盐东县党组织马上派人通知他秘密转移。

此后，苏瘦鹤回到了苏南老家——镇江市丹徒县大路镇避居。一直到抗战胜利后，他才回到苏北盐城伍佑镇与家人团聚。

第十二章 血洒异乡 浩气长存

方强被释放出来刚走出院子，孙建言派人骑着快马就迅速赶到了。

由于方强被敌人秘密杀害，没有人知道他牺牲的确切地点。因此，很长一段时间烈士遗骸没有找到。

周淑贞完全没有想到丈夫牺牲 25 年后，却由光荣的烈士一夜之间变成了可耻的“叛徒”。

方强烈士在苏北盐城英勇就义时隔 40 年后，盐阜人民才知道他鲜为人知、光彩照人的真实名字：袁文彬——一位让周恩来心痛的才子与斗士。

苏瘦鹤坐在孙建言桌子对面，从怀中掏出

皮囊,将钱币"哗啦啦"堆放在孙建言面前:"请师座过目,赎金一分不少。"

坐在太师椅上的孙建言面对一大堆耀眼的钱币,眼睛都亮了:"好,好,孙某为了不拂苏会长的面子,同意放人。"

"苏某多谢师座高抬贵手。"孙建言将桌上的钱推入抽屉。

"来人!"

"到!"副官应声来到孙建言身边。

孙建言转对副官说:"你快去观音阁,传我的命令,把那个关押的上海大陆洋行的商人赵群行立即放了。"

"是!"

副官一路纵马从师部祐圣观来到了观音阁,他翻身下马,大声传令:"师座有令,立即放了赵群行!"

阁楼上岗哨迅速撤去,门被打开,一缕久违了的强烈阳光射了进来。方强被放了出来。他整了整衣衫,推了推圆边黑框眼镜,昂首走下阁楼。

苏瘦鹤喝完杯中的茶,他估计方强已被释放出来了,他激动地站起来,双手作拱:"多谢师座,苏某告辞了!"

孙建言站起来:"苏会长请,孙某不送了。"

"师座留步。"

苏瘦鹤到了门外刚要转身离去。这时,蔡国栋、卞兆仁上气不接下气、来不及喊报告,救火似的一头闯了进来,与苏瘦鹤撞了个满怀,差点把他撞翻。

苏瘦鹤定睛一看,原来是伍佑街上的两个有名的兵痞,他感到有点奇怪。这两个狗日的早不来,迟不来,偏偏这时候来干什么。苏瘦鹤故意放慢了脚步,在门外侧耳听着。

"师座,师座,有要事报告!"

"他妈的,什么要事!谁让你们闯进来的,没规矩,出去!"

蔡国栋、卞兆仁慌忙退到门外,立正,气喘吁吁地大声喊:

"报告!"

"进来!"

蔡国栋、卞兆仁进来看到商会会长苏瘦鹤站在门外,嘴里支支吾吾像衔着死老鼠,欲言又止。

孙建言急了,双目怒睁,一拍桌子:"他妈的,什么要事,有话快说,有屁快放!"

蔡国栋、卞兆仁吓了一跳,"啪"地立正。卞兆仁又朝门外扫了一眼,小心翼翼地走近孙建言,掩着他的耳朵叽叽咕咕密语了一阵。

孙建言听了"啊"一惊。他不相信关押在观音庙阁楼上的"赵群行"就是新四军盐城县二区民运队队长、盐东行政公署主任方强。

孙建言激动得两手不停地搓着:"这么说赵群行就是方强了?"

"对,赵群行就是方强,他根本不是什么木材商人。"

卞兆仁的声音愈来愈小,孙建言眼睛却越来越大,他紧盯着他们的脸,仿佛不认识他们似的,喜出望外地:"你们看准了?没错?"

"师座,你放心,保证没错,小的我们都曾在他手下干过,小的我们愿意用人头担保。"

孙建言嘴巴咧了咧,抹了抹胡髭,得意地点了点头:"好,好,我们这次可抓了新四军大干部,你们立下大功了,重赏!"

苏瘦鹤听见孙建言说"抓了新四军大干部",微微一怔,神情凝重起来。他从听到的谈话中隐约有一种预感,这两个兵痞一定认出了方主任,他不免陡地紧张起来。

孙建言突然想了起来:"快叫人去观音阁,通知副官那个赵群行不能放,快!"

"原来是这两个狗日的出卖了方主任。"苏瘦鹤连忙转回来,一脸惊愕:"师座,这,这……"

孙建言的脸迅速变了色,将抽屉里的钱拿出来,推给苏瘦鹤:

“苏会长，孙某无能为力，请多包涵，不好意思了。”

蔡国栋、卞兆仁看着苏瘦鹤惊愕的样子得意地笑了，眼睛眯成了一条缝。

“哼，狗日的不要高兴得太早了！”苏瘦鹤愤恨地瞪了两个汉奸一眼。

孙建言大声说：“送客！”

蔡国栋、卞兆仁两个汉奸领了赏后，迫不及待地到街上熏烧摊子切了猪头肉，喝起了老酒，满脸油光光的。

方强被释放后刚走出院子，孙建言派人骑着快马就迅速赶到了。方强又被抓了起来，交到了祐圣观师部军法处。他猜测得没错，刚才一定是蔡国栋、卞兆仁这两个汉奸去伪师部告密，出卖了他。

方强又被戴上手铐脚镣带进了阴森可怖的刑讯室，敌人对他重新开始了审讯：

“你叫什么名字？”

“你们已知道了，还问我干什么！”

“我再问一遍，你叫什么名字？”

“赵群行！”

“干什么的？”

“上海大陆洋行木材商的管账先生！”

“不，你撒谎！你不叫赵群行，你也不是上海大陆洋行的管账先生，你的真实名字叫方强，是新四军民运工作队队长、盐东行政公署主任！”

“哼，你们认错人了！”

“哈哈哈，死到临头了，还嘴硬。让你看看是你嘴硬，还是我老虎凳硬。给我上刑！”

敌人对方强使用了坐老虎凳的酷刑。几个彪形大汉扑上来用麻绳把方强上身紧紧绑在一根木架上，将他按在凳子上，把他两手及两腿全部捆住。然后用铁棍撬起两脚，在脚下垫进砖头。

方强本来身体就极度虚弱，当垫进第六块砖头时，他咬紧牙关，疼痛难忍，脸色惨白。黄豆大的汗珠从他额头上一颗接一颗地滚落下来，他的衣衫湿透了。

“说，你是不是方强？”

“我是赵群行！”

“再垫砖！”

“再垫就第七块了！”

“垫！”

当垫到第八块砖头时，方强感觉全身骨头都散了架，他疼痛难忍，昏死过去。敌人又用冷水将他浇醒。

“来人，带蔡国栋、卞兆仁！”

蔡国栋、卞兆仁战战兢兢地进来，低着头，不敢正眼看老虎凳上的方强。

“把头抬起来，看清他是谁？”

两个伪军慢慢抬起头。

方强费力地睁开眼睛，锐利的目光蔑视地瞪着蔡国栋、卞兆仁，啐了一口：“呸！狗汉奸！”

“说，他是谁？”

“他……”

“快说，别他妈的吞吞吐吐像娘们！”

“他，他就是新四军民运队队长、盐东行署主任方强。”

“哈哈哈……”

“方队长、方主任，你还有什么话要说？”

方强丝毫没有畏惧，心如止水，一字一句吐出：“对，我就是新四军民运队队长、盐东行政公署主任方强！”

在两个伪军的当面对质下，方强的真实身份完全暴露了。

“师座，方强怎么处理？”

“快，把他连夜活埋！”

紧张而害怕的伪师长孙建言在祐圣观大殿里不停来回踱着步，他担心新四军组织部队突击营救方强。他朝副官一挥手，下令把方强秘密活埋。

敌人把遍体鳞伤、拖着沉重脚镣的方强连夜押往伍佑镇东荒郊滩子边一处叫龙王滩的荒野坟地。

方强壮烈牺牲的情景，被当时附近屋中一双雪亮的眼睛清楚地看到了。

童奶奶刚睡熟，突然听到门外传来脚步的杂沓声、铁镣的当啷声和大声的喝斥声。她起来透过窗户一看，屋前桑树地里一座高大的坟茔旁，隐隐约约有一团黑影。接着传来"打倒日本帝国主义！""中国共产党万岁！"的口号声。童奶奶心里怦怦乱跳，她猜测一定是一个新四军干部被敌人活埋了。因为她没有听到枪声。

方强壮烈牺牲后，苏北盐阜地区党委、行署在一区引水沟附近的柏家墩（今属亭湖区盐东镇西潮村）宣布中共盐东县委、盐东县抗日民主政府成立，金韬同志任县委书记，魏心一同志（新中国成立后任安徽省副省长）继任县长。他们首先为英勇牺牲的盐东县政府第一任县长方强同志默哀。

盐东人民得知他们敬爱的县长方强英勇牺牲后，泪飞顿作倾盆雨。

"为方县长报仇！"

"打倒日本帝国主义！"

他们纷纷拿起手中的武器，像黄海怒涛一样，涌起了冲天的抗日浪潮。

新四军二旅四团（丰台大队）团长刘别生带领特务连和二营突袭了驻伍佑的日、伪军，俘获伪军四十多名，缴获长短枪三十余支，沉重地打击了日、伪军。

1943 年 4 月，那是斗龙港畔蒲公英花絮满天纷飞的季节。盐东县委、县政府在龙王庙（今天的大丰市三龙镇）西首建立了抗日烈士纪念亭。亭为六角，茅草盖顶。亭前耸立着高大的烈士纪念塔，亭中竖立一座巨大的白矾石碑，正面铭刻着方强、唐齐贤和高长发等牺牲了的新四军部分干部、战士和地方干部群众的英名。两侧有“勇士留芳；浩气长存”和“血泪涨寒潮，死义高于齐壮士；精诚昭石室，论功上比宋忠臣”的对联。不久日本兵来三龙“扫荡”，一把大火烧毁了纪念亭和纪念塔，石碑也被砸烂。

周淑贞当时只知道方强在苏北盐城附近英勇就义，具体在什么时间和地点牺牲并不知道。全国解放后，她曾多次到苏北盐城寻找丈夫的遗骸，可盐城那么大，到哪儿去寻找呢？她逢人便问：“方强在哪儿牺牲的？”人们告诉她，方县长是在盐城英勇牺牲的。

“文彬，你在哪里？你听见我呼唤了吗？你为什么不答应我一声，我来带你一起回家。”

周淑贞一人怅然若失地站在黄海之滨无边无际的旷野上，声声呼唤丈夫的名字。可是除了黄海涛声、鸿雁孤鸣之声外，没有任何回音。

周淑贞不甘心，又打报告到区里请求地方党组织协助寻找烈士遗骸。由于方强被敌人秘密杀害，没有人知道他牺牲的确切地点。因此，很长一段时间烈士遗骸都没有找到。

方强虽然牺牲了，但烈士遗骸还没有找到，烈士还没有魂归故里。因此烈士的故事还没有完。

1955 年，地处龙王滩的盐城伍佑中学开始破土兴建。这时，童奶奶恰巧经过工地，她停下了脚步。她突然又想到了 14 年前那个夜晚那催人泪下的难忘一幕。14 年前，她家就住在龙王滩附近。她耳畔似乎又响起那天夜里铁镣的当啷声和高呼的口号声。“不错，是这里。”童奶奶几乎一路小跑来到了伍佑镇上，找到了副镇长姚德群，她气喘吁吁地说，14 年前的一个夜晚，她亲眼看到一位好像是新四军的干部被敌人活埋在龙王滩一座大坟茔旁。

“被活埋的是不是方县长？”

人们首先想到的是,那位新四军干部可能就是组织上一直在寻找的、被敌人秘密杀害的盐东县县长方强烈士。

在童奶奶的指认下,人们终于在伍佑中学大门处,找到了那位新四军干部牺牲的确切地点。人们小心翼翼地挖开土堆,轻拂去烈士身上的尘土,方强烈士的遗骸才被发现:烈士呈倒立姿势,洁白的胫骨上仍紧紧锁着早已锈蚀的脚镣,遗骸旁边还有一副烈士生前戴过的圆边黑框眼镜。当时有人称了那副锈迹斑斑的铁镣,仍有七斤之重。

如今在盐城市亭湖区伍佑中学内的烈士殉难处,已高高矗立起一座造型特别的"人"字形方强烈士纪念碑,将军红的花岗岩石碑上镶嵌着烈士汉白玉石浮雕头像和高擎火炬的手,永远让后人瞻仰。

如今在盐城市亭湖区伍佑中学境内烈士殉难处,已高高矗立起一座造型特别的"人"字形方强烈士纪念碑,永远让后人瞻仰。

“文彬,你在哪里?”

周淑贞苦苦寻找了14年,声声呼唤了14年,也魂牵梦萦了14年。周淑贞知道袁文彬牺牲时是在解放后,那是时任上海市副市长潘汉年派人到周淑贞家告诉她的。

20世纪50年代,周淑贞在上海张园的旧居。

当周淑贞一次次充满希望地来到苏北盐城寻找丈夫遗骸、又一次次失望伤心而归的时候,她突然接到了来自苏北盐城的电话,电话中说方强烈士遗骸找到了,并通知她到江边去迎接烈士的遗骸。

“找到了……谢谢!”

周淑贞两眼垂泪,她终于流下了盈盈泪水。说不上是因为悲痛还是喜悦。她激动地把丈夫遗骸找到的消息很快告诉了烈士生前好友、时任中国人民救济总会上海分会秘书的黄定慧。黄定慧陪周淑贞一起来到了苏州河码头,迎接好友袁文彬回家。

黄定慧清楚地记得18年前,袁文彬奔赴抗日前线时,她和郭沫若一起为他送行。那时袁文彬还是血气方刚的青年。她没有想到18年后，迎接好友袁文彬回家时，竟会是他的遗骸，甚至那生了锈的铁镣还牢牢地锁在他的腿骨上。

从苏北盐城驶来的船靠近了苏州河码头。周淑贞看清了船舱中一只木箱子，上面写有“方强烈士遗骸”几个醒目的字，她再次昏了过去。

周淑贞双手紧紧捧着装有丈夫遗骸的木箱子微微颤抖着，腿有些站不住，好在黄定慧在一旁搀扶着她。丈夫牺牲了14年，她哭了14年，她的泪水早已哭干。铅云低垂，青山肃立。此时只有奔腾的江水在悲鸣，猛烈的江风在呜咽。惊涛拍岸，卷起千堆雪。

“文彬，我和定慧一起来接你回家了。我们一起回家。”周淑贞捧着丈夫的遗骸，将它紧紧贴在温暖的胸前，她轻声默念着。她怕惊醒丈夫沉睡的梦。平时丈夫走路都是很轻的。长眠在苏北盐东大地14年的方强烈士终于魂归故里。他自1937年离家参加抗日至今已整整18年了，18年啊！多少个日日夜夜，周淑贞日也盼夜也盼，望眼欲穿，终于把他盼回家了。

“文彬，你知道吗，我多少次在梦里见到你回家了，像往常下班一样，你手脚轻轻的。可我高兴地睁开眼一看，什么也没有。你离开昆山时说过，战事不平，始终不回。可战事结束八年了，你却没有回来。我完全没有想到会以这种方式和你重逢、迎接你回家。

文彬，你知道吗，自你离开家后，晚上我房间的灯就一直开着。这是大革命失败后，从你到商务印书馆从事地下工作开始的。每次我都一直等到你安全到家时才会熄灯。自从你离家参加战地文化服务团后，晚上房间里的灯仍旧一直亮着。我要让你远远地看到家里温暖的灯光，永远照亮你回家的路……”

方强烈士遗骸被接回上海后，被安葬在上海万国公墓（今静安公园）。把烈士安葬在一座普通的公墓内，周淑贞心中总不是滋味。后来周淑贞找到了陈毅市长，他当即批示同意方强烈士遗骸迁入江湾烈士墓，并举行了隆重的安葬仪式。黄定慧参加了北伐老友袁文彬的安葬仪式，烈士生前的音容笑貌似乎一下子又浮现在她的眼前。周善培亲自挥毫为女婿墓碑题写了碑名和碑文。

周淑贞安葬了丈夫，烈士终于魂归故里。烈士的故事本该到此结束了。但风波再起，烈士并没有安息。

“袁文彬是叛徒！”

周淑贞完全没有想到丈夫牺牲25年后，却由光荣的烈士一夜之间变成了可耻的“叛徒”。

“文彬，你什么时候叛变的呀？”

丈夫是叛徒的消息，对周淑贞来说，犹如晴天一声霹雳。她抱着丈夫的遗像痛哭流涕，她无法接受从“烈士家属”一下子变成“叛徒家属”这一残酷事实。随之周淑贞的烈士家属待遇全部取消。孩子们也都成了“叛徒”的子女，完全失去了人格和尊严。

已参军的大儿子因为父亲是“叛徒”被隔离审查，还被造反派打坏了脊椎。二儿子工作单位的造反派强行让他签字承认自己是“叛徒”子女。

“爸爸到底是烈士还是叛徒？”孩子们常常问妈妈。

“你们的爸爸是为抗日牺牲的革命烈士，他不是叛徒。你们以后会知道的。”

1955年4月，时任中共上海市委第三书记、常务副市长兼上海市统战部长、华东局统战部（部长陈毅）副部长的潘汉年和时任上海市公安局局长的杨帆被安上“汉奸”、“国民党特务”、“反革命”等莫须有的罪名，被秘密逮捕送进了监狱。这就是令全党深为震惊的“潘杨反革命集团案”。方强曾与潘汉年、梅龚彬、夏衍、黄定慧、蔡叔厚等一起从事地下工作，也受到牵连。夏衍、黄定慧在“文化大革命”中被隔离审查，梅龚彬、蔡叔厚在“文化大革命”中被迫害致死。

潘汉年被秘密逮捕的时候，袁文彬烈士的遗骸刚刚找到。“文革”始乱，袁文彬烈士也被打成了“叛徒”。江苏省人民政府颁发的“光荣烈属”的奖牌被红卫兵砸掉。人虽死了，但墓还在。他在江湾的墓被红卫兵捣毁，墓碑也被砸烂。

“我丈夫是革命烈士，是为抗日而牺牲的。他不是叛徒，你们不能毁坏他的墓呀！”周淑贞几次冲上前去，企图阻止那些情绪激动的“革命小将”。但她很快像被扯小鸡一样拎开了。

“文彬，你好冤啊！”喉咙早已哭沙哑了的周淑贞无力地瘫在了地上，她的力量太微弱了。她除了嚎啕大哭、以掌击地外，没有任何反抗形式。

“革命小将”们根本无视“叛徒”家属周淑贞的存在，他们继续挥舞手中的镐和锤，猛烈地挖，狠狠地砸。那叮叮当当的声音像敲在周淑贞柔弱的心上。每敲一次，她的心就猛地震裂一下。

当袁文彬烈士墓在上海江湾被捣毁的时候，江苏省大丰县方强公社（今大丰市方强镇）在烈士工作和生活的地方，却为他建造了烈士墓（衣冠冢），并立碑留名。这可能是巧合，也可能是当时闭塞的方强公社根本不知道方强烈士已被打为“叛徒”。

值得庆幸的是，在“文化大革命”期间，方强烈士的英名在苏北盐阜地区没有受到任何影响。以他命名的“国营方强农场”、“方强公社”名称仍在使用，他在方强公社的墓也保存完好。每年清明节，学生们举着花圈还照常去祭扫长眠在这里的革命烈士。因为当地人不知道方强的真实名字叫袁文彬，更不知道他是“叛徒”。即便袁文彬是“叛徒”，方强不是。方强还是苏北盐阜人民十分敬仰的革命烈士。

“文化大革命”结束后，周淑贞为恢复丈夫的名誉四处奔走，她上北京找到了丈夫的老领导，时任全国人大副委员长、全国文联主席和中国科学院院长的郭沫若，她对他说杀了她的头也不会相信自己的丈夫是叛徒。那时拨乱反正、平反冤假错案尚未列入中央议程，郭沫若把周淑贞安排住在自己家里，除了经济上给予支持，只能安慰她："文彬和我交情很深，我们是好朋友。"

当时在新疆当兵的方强的长子袁振东到北京出差，为父亲的事也曾去找过父亲的老领导李一氓。父亲那年牺牲时，他才9岁，对于父亲生前的情况，他一无所知。他不相信自己的父亲是叛徒。当时李一氓也被停职靠边检查。在那种情况下，李一氓对袁振东不好多说什么。

周淑贞又找到了烈士生前好友、刚恢复工作的黄定慧，她安慰周淑贞："你放心，我当尽我所能为文彬写证明。据我所知，可能要等潘案复查之后才能有结果。"当时黄定慧虽已恢复了工作，但她的党龄、党籍问题还没有解决，她也在为她的北伐老友袁文彬恢复名誉不断呼吁。

黄定慧上北京找到了李一氓，向他谈了袁文彬烈士遗孀周淑贞及子女的困苦情况，以及为袁文彬写的证明材料送上去后没有复示的情况。李一氓对黄定慧说："可能要等潘案复查平反后才能解决，我们只好对淑贞予以安慰吧。"上海龙华烈士纪念馆至今还保留着黄定慧为袁文彬烈士所写的证明材料。

当袁文彬烈士的家属和战友到处奔走，在为袁文彬烈士呼吁平反时，江苏省大丰县正在开展革命斗争史普查，对方强烈士生平也展开了调查。当时人们只知道方强是革命烈士，盐阜地区很多烈士纪念馆还没有他的事迹，甚至连他的一张遗照都没有。不知道他的原名，也不知道他是哪里人，更不知道他生前的具体情况。江秉钧、谢天德两位同志接受了调查方强烈士生平的任务。

当时调查唯一的线索就是方强烈士的儿子袁抗生（程华龙）写给上海戴星明的一封信："……我和老母已回屯溪，曾写过一封信给魏心一叔叔，希望能搞清我父亲的政历，因为前一段时间，有人说他被捕叛变，为此我入党提干问题，长时间没有得到解决……"1980年4月，江秉钧和谢天德根据这封信提供的重要线索，专程来到了皖南山明水秀、被称为徽州四大古镇之首的屯溪进行调查。他们终于在屯溪市民政局找到了方强烈士之子袁抗生的一个沉甸甸的档案袋，激动地打开一看，里面有袁抗生写的五封信，还有一封方强烈士生前战友、空军政治部文化部陆友写给袁抗生的重要信件。他们首次发现“烈士袁文彬，化名方强”，即郭沫若在抗战回忆录《洪波曲》中写到的“战地服务团团长袁文彬”。

方强烈士在苏北盐城英勇就义时隔40年后，盐阜人民才知道他鲜为人知、光彩照人的真实名字：袁文彬——一位让周恩来心痛的才子与斗士。

自此，方强烈士的光辉形象在苏北盐阜人民的心中才渐渐清晰和高大起来。

1981年11月13日，江苏大丰县方强公社举行方强烈士就义四十周年纪念大会，参加大会的有方强公社的工人、农民、学生、大队和公社干部代表，原隶属“方强区”的三隆、丰富两个公社（今属大丰市三龙镇）以及江苏省方强农场、盐城县伍佑镇（今亭湖区伍佑镇）也派代表参加了大会。大丰县人民政府副县长高继宽代表县四套班子讲话。会后，方强烈士夫人周淑贞携长女袁爱莲、次子袁振兴凭吊了方强烈士墓、伍佑中学烈士殉难处。

有人说，历史会捉弄人。其实历史不会捉弄人，只有人会捉弄人。当历史一旦被人操纵时，历史才会捉弄人。应该说，历史是公正的。

历史的列车以不可阻挡之势终于前进到了公元1978年12月，中国共产党召开了具有深远意义的十一届三中全会。中共中央在“实事求是，有错必纠”方针的指导下，平反了一批历史冤假错案。潘汉年的弟弟潘锡年、侄儿潘可西先后上书中共中央纪委，要求复查潘汉年案。时任中共中央纪委书记陈云十分重视他的老战友潘汉年案，他亲自审阅了潘案材料，指示对此案全面复查。

1981年3月，中共中央政治局常委会根据陈云同志的建议，责成中共中央纪委全面复查潘汉年的案件。

中共中央纪委经过认真、细致的复查后，于1982年8月，在中国共产党召开第十二次全国代表大会前夕，中共中央向全党正式发出《关于潘汉年同志平反昭雪、恢复名誉的通知》，为历时长达27年之久的潘汉年冤案平反昭雪，恢复名誉。这已是潘汉年逝世五年之后。

同时因潘汉年案受牵连的恽逸群、刘人寿、汪锦元、陆久之等九百多人的问题也得到了妥善解决。随之方强烈士的身份才被重新确认。

黄定慧又为周淑贞向民政部门申请，为她恢复了烈士家属待遇。

方强烈士在江湾的墓被捣毁后，江湾公墓被征用，烈士遗骸又被重新安葬在上海龙华烈士公墓（现为上海烈士陵园），与11名烈士合葬，立碑留名。粉碎“四人帮”后，烈士遗骸又迁出单葬。现在，袁文彬烈士墓碑静卧在上海烈士陵园一片青葱翠绿丛中，左侧

袁文彬烈士墓碑静卧在上海烈士陵园内一片青葱翠绿丛中。

便是他的战友、文学斗士钱亦石的墓。当年，他们曾分别担任郭沫若领导的战地服务团一、二团的团长。如今战友同眠一处，相邻为伴。

此时已恢复工作、担任上海市政府参事的黄定慧安慰周淑贞："文彬可以含笑九泉了。"周淑贞说："等不到文彬被平反我死不瞑目。"她紧紧拥抱着烈士生前的好友黄定慧喜极而泣。黄定慧说：

20世纪50年代，周淑贞（中坐者）和儿孙合影。

2010 年 9 月，程敦淑在上海烈士陵园袁文彬烈士墓前。

袁文彬烈士子女在次女袁贞萍的成都家中团聚，左起：三女袁爱梅、袁贞萍、长子袁振东、次子袁振兴（当时长女袁爱莲因出差未参加）。

"淑贞,我知道,这么多年你不容易,你对得起文彬。"

周淑贞含辛茹苦把烈士五个子女全部抚养成人,儿孙满堂。三年后,她带着幸福和安详追随方强烈士而去。

"淑贞,你一路走好,和文彬团聚吧!"黄定慧亲自到龙华殡仪馆为好友的妻子周淑贞送上最后一程。袁文彬若地下有知他一定会感谢好友黄定慧的。

唐朝诗人贺兰进民说"人生结交在终结,莫为升沉中路分。"黄定慧和袁文彬夫妇的这种"结交"才是真正的朋友和至交,他们没有因"升沉"而"中路分",是人生友谊的最高境界。

方强壮烈牺牲后,苏北盐阜区党委、行政公署将他生前战斗和工作过的盐东县斗龙区命名为"盐东县方强区"(今属大丰市方强镇、三龙镇)。新中国成立后,又以烈士名字命名了"大丰县方强公社"和"国营方强农场"(今江苏省方强农场、方强劳教所)。方强镇内建有高高耸立的方强烈士纪念塔、方强烈士墓,

方强镇方强烈士陵园内的烈士墓。

供后人瞻仰。江苏省人民政府追认方强为革命烈士。令人遗憾的是，方强烈士在抗战时期所著文稿由于战乱而散失，我们已无法目睹了。

高高耸立的方强烈士纪念塔。

方强精通德文，翻译过著作，也许能成为有成就的翻译家；他学过医，说不定能成为出色的医生；他担任过北伐军总政治部文工团团长和第三战区战地文化服务团团长，创作、导演过不少戏剧作品，若从事文艺工作，可能在戏剧创作上有所建树。

辛弃疾弃文从武，收拾旧山河；鲁迅弃医从文，唤醒国民的灵魂；方强放弃同济大学的学业，投笔从戎，从此踏上拯救中华民族的艰难历程，直至把一腔热血抛洒在苏北盐阜抗日沙场上。方强壮烈牺牲时只有40岁，人们已纪念了他70年，他与日月同辉的灿烂生命永远定格在40岁。如今3米高、8吨重的方强烈士汉白玉石全身雕塑像已在江苏省方强农场、方强劳教所内高高矗立。塑像展现了一位身穿长衫，戴圆边眼镜，手执书卷，坚定刚毅的才子斗士形象。他的英名将永远留在盐东历史上，留在苏北历史上，留在祖国历史上。

如今3米高、8吨重的方强烈士汉白玉石全身雕塑像已在江苏省方强农场、方强劳教所高高矗立。

附录一

袁文彬(方强)烈士大事年表

1901 年(清朝光绪二十七年)1 岁

8 月 28 日出生于江苏省松江府青浦县练塘镇高家埭村。

后举家迁往练塘镇上塘街居住,寄宿在妹夫高尔梁家,和高尔梁胞弟高尔松、高尔柏及陈云同在颜安小学读书。

1918 年 17 岁

到上海求学,辍学后当过报童、清洁工。在同济医科实习医院——宝隆医院当勤杂工、护工。

1920 年 19 岁

受浙江杭州商人资助,考上德国人创办的同济医工专门学校(同济医工大学前身)德文科,专修德文。

1924 年 23 岁

考上同济医工大学医预科(同济大学医学院前身)。他的小学同学高尔柏考入中共创办的第一所大学——上海大学,高尔松考入日本人办的上海东亚同文书院,和袁文彬的弟弟袁文彰成了校友。

在同济医工大学结识了中共早期党员恽代英、侯绍裘、杨贤江及国民党左派杨杏佛。

1925 年 24 岁

5 月,当选同济医工大学学生会会长,组织领导同济医工大学学生参加了声势浩大的五卅运动,结识了共产党员、上海学联副主席梅龚彬和上海大学学生会主席,李一氓的老乡、小学同学何秉彝。

7月，放弃还有两年就完成的同济医工大学学业，受党组织推荐南下广州报考黄埔军校，被编入第四期政治科学习，与周恩寿、袁国平及李运昌、李逸民、文强、白鑫等同班，和林彪、张灵甫同期，并和林彪同在入伍生部受训。

在入伍生部加入中国共产主义青年团，结识了校政治部主任兼政治教官周恩来。

1926 年 25 岁

3月，升入黄埔军校第四期政治科。

6月，从黄埔军校第四期政治科提前毕业，被分配在国民革命军总司令部政治部工作，结识了宣传科科长李一氓。

7月，任北伐军总司令部政治部宣传科副科长兼政治部文工团团长，结识了宣传科科长郭沫若，参加北伐革命战争。

10月，和赵畹华往南昌迎接蒋介石到武昌参加武汉三镇光复庆祝大会。

在武昌，结识了中国国民党武汉特别市党部妇女部秘书、《汉口民国日报》妇女副刊编辑黄定慧和后来成为她丈夫的中央军委机要处秘书主任、《汉口民国日报》总编辑宛希俨。

11月，由湖北省共青团组织提名，经董必武、吴玉章批准，邓颖超介绍，与黄定慧、耿丹等一起由共青团员转为共产党员。

任北伐军总政治部南昌分部社会股股长，结识了潘汉年，国民党中央执委、军人部宣传科主任朱其华及川军二十军党代表朱德。

1927 年 26 岁

1月，参加南昌纪念列宁逝世两周年群众大会。

3月，随李一氓总政治部先遣队到上海参加组建总政治部上海分部，经李一氓介绍，和他四川老乡周善培的女儿周淑贞（周植康）结婚。

4月，和杨贤江、陆立之到武汉。

7 月，随潘汉年潜回上海。

1927—1937 年

潜伏在上海商务印书馆编译所德文部，以德文翻译作掩护，与武汉革命同志保持联系，做党分派的工作，结识了进步文化人士柳亚子、夏衍、阳翰笙。

1928 年 27 岁

长女袁爱莲出生。

1930 年 29 岁

翻译德国作家路易林著《战争》，由世界书局出版发行。

1932 年 31 岁

长子袁振东出生。

1933 年 32 岁

翻译德国作家克尼克尔波克著《德国往哪里去》，由《申报》出版发行。

1934 年 33 岁

翻译德国作家哈姆森著《苏俄妇女与儿童》，由中华书局出版发行。

1937 年 36 岁

10 月，应郭沫若之邀担任第三战区左翼第十五集团军司令部战地文化服务团团长，开赴昆山抗日前线。

11 月，上海沦陷，随军撤退皖南。

12 月，到达南昌，邀请新四军第一支队司令员陈毅给战地文化服务团成员作报告。

1938 年 37 岁

1 月，随军撤退到武汉，任武汉卫戍区警备司令部政治工作大队（一说宣传大队）副大队长，受到周恩来、邓颖超、叶挺、陈毅、李一氓、郭沫若等领导的接见。

4 月，在国民政府军事委员会政治部第三厅五处从事文字宣传工作。

7月,根据第三厅指示,带领武汉卫戍区警备司令部战时服务大队(原战地文化服务团)辗转鄂南、赣北、湘北进行抗日宣传。

10月,武汉三镇沦陷。

11月,参加长沙大火善后工作。

1939年38岁

12月,经桂林、贵阳撤往重庆。带领进步青年奔赴延安,与王实味、柯柏年等同在中央马列学院编译室担任编译员,参加了中央机关大生产。

与原战地文化服务团团员程敦淑(程宇)结为“抗战夫妻”。

1940年39岁

袁振东携弟振兴寄居叔父袁文彰家。

随周恩来到重庆八路军办事处工作。

秘密接送周恩来的父亲和邓颖超的母亲由贵阳到重庆。

跟随叶挺、袁国平到皖南新四军政治部工作。

11月,化名方强,被任命为新四军盐城县二区民运工作队队长,从皖南新四军军部来到苏北盐阜地区开辟抗日根据地。

1941年40岁

9月,担任新四军苏北盐阜区盐东行政公署主任。

10月,任新四军苏北盐阜区盐东县抗日民主政府第一任县长,未宣布就职即遭日、伪军逮捕。

11月,被汉奸卞兆仁出卖,在盐东县二区伍佑镇东荒郊龙王滩(今盐城市亭湖区伍佑中学内)英勇就义。

1943年

4月,盐东县委、县政府在今天的大丰市三龙镇西首建立抗日烈士纪念亭,亭中巨大的白矾石碑上铭刻着方强等牺牲的新四军干部、战士和地方干部、群众的英名。

5月,烈士生前战友柳亚子在桂林挥毫写下《青浦袁文彬烈士挽词》一首。

1948 年

8—12 月，郭沫若在华嘉主编的香港《华商报》文艺副刊《热风》上连载的《洪波曲——抗战回忆录》中，第一次追忆了他的亲密战友和好友袁文彬在战地文化服务团及苏北牺牲的情况。

1955 年

地处龙王滩的盐城伍佑中学破土兴建，方强烈士遗骸被发现。

周淑贞接回烈士遗骸，并将之安葬在上海万国公墓，后经陈毅市长批准迁葬江湾烈士墓。

1966 年

受潘汉年冤案牵连，被诬蔑为"叛徒"，烈士碑被砸烂，烈士墓被捣毁，周淑贞的烈士家属待遇被取消。

江苏大丰县方强公社建造了烈士墓（衣冠冢），并立碑。

1980 年

4 月，江苏省大丰县江秉钧、谢天德根据上海戴星明提供的线索来到安徽省屯溪地区调查方强烈士生平，他们从屯溪市民政局方强烈士之子程华龙（袁抗生）的一个档案袋内首次发现方强烈士原名叫袁文彬。

1981 年

11 月，盐城地区大丰县在方强公社隆重举行方强烈士英勇就义四十周年纪念大会，大丰县人民政府副县长高继宽代表县四套班子讲话。方强烈士夫人周淑贞携长女袁爱莲、次子袁振兴参加，并凭吊了方强烈士墓、伍佑中学烈士殉难处。

1982 年

8 月，中共中央正式发出通知为潘汉年及受其牵连的人平反昭雪，恢复名誉。方强烈士身份被重新确认，烈士遗骸被重新安葬在上海龙华烈士陵园。

1985 年

周淑贞在上海去世,享年 80 岁。

黄定慧亲自到上海龙华殡仪馆为好友的妻子送行。

同济大学建造“学生运动纪念园”,袁文彬和殷夫两位烈士的英名及汉白玉石浮雕分别镶嵌在纪念园内青石照壁上。

1995 年

3 月,盐城市伍佑中学在烈士殉难处建立了“人”字形烈士纪念碑。

2000 年

8 月,解放军出版社出版《新四军英烈志》,收入方强等 350 位新四军团以上职务烈士传略。

2001 年

11 月,烈士诞辰 100 周年,就义 60 周年,大丰市邮政局发行纪念邮戳。

2009 年

7 月,盐城新四军纪念馆增设新四军人物馆,方强烈士英名首次出现在烈士墙上。

8 月,江苏省方强农场为烈士塑造了 3 米高、8 吨重的汉白玉石全身像。

9 月,上海青浦区在练塘举行——共和国不会忘记“青浦革命历史回顾展”,烈士次子袁振兴应邀参加开展仪式。

2010 年

3 月,江苏省大丰市方强镇重新修建了烈士墓、烈士纪念塔。

2011 年

5 月,为纪念建党九十周年,中央电视台、盐城电视台联合拍摄十二集大型纪录片《永远的英雄》,第二集《视死如归》介绍方强烈士。

6 月,同济大学举办“在血液中燃烧着憧憬的火轮”——同济大学殷夫、袁文彬等20位同济先烈图片展览。

建党九十周年、辛亥革命一百周年前夕，复旦大学出版社出版《上海高校英烈谱》，收入方强烈士传略《为人民鞠躬尽瘁，为国家壮烈牺牲》。

附录二

黄定慧同志1982年写给同济大学屠听泉、刘作民同志的信

屠听泉、刘作民两位同志：

承寄来袁文彬初稿，他是烈士，拟应即标明为袁文彬烈士传，将身份确定，因为他不只是学生运动的骨干而已！侯绍裘不是何绍裘，还应加上恽代英。侯与恽，都是曾在1923—1925年任江苏省委常委，领导青年学生运动，早年牺牲的烈士。可查看雨花台侯、恽的烈士传。先夫宛希俨是1923年在东南大学入党的，也是受侯、恽辅导的。袁文彬到武汉与我们见面时，我听到他们会面后谈及的。宛希俨烈士已有传略了，可参看的史料选编第一集1981年上海出版的。文彬家属大丰县委很关怀的，就是文彬的党籍党龄问题，在这一点上，我和李一氓同志，应是可以作证明人的。文彬的确是1925年在黄埔入团，北伐战役到达武汉后批准入党的。当年宛希俨同志，系江西省委宣传部部长兼《汉口民国日报》总编辑，又兼党中央的军委机要处处长。有一批军队工作同志转正，是董老、吴玉章批准的。我曾为当时名义上的15军副军长耿丹同志做过证明人。那时董老还健在。我记得那时郭老还不是党员，宛希俨同志奉董老与吴玉章同志之命动员他入党，郭老和他们来往密切。郭老是参加“八一”之后才申请入党，介绍人是周恩来、李一氓同志。因此，关于袁文彬同志的党籍党龄，我和李一氓同志都是健在的证明人。又何况在大革命失败后，一氓同志在上海党中央担任过宣传部秘书

兼特工部门的第二科科长(是负责情报工作,自后又是新四军的秘书长)。袁文彬与周孝怀之女周淑贞结婚,李一氓还是介绍人。因为他们是同乡及同学好友。我未与文彬同学过,只有工作关系。武汉同上过团课,那是团中央辅导同志李子芬。为了工作需要,在团员中挑选入党,是革命高潮中发展形势逼人,他们都是上过团课党课的同学,而不是同济医学院的同学。因此友谊是深厚的。再如文彬1937年去参军,郭老与我为之送行时,文彬又是对我将爱妻和子女交与我照顾的,我也不推辞,维护到1939年秋我离之时为止,又托文彬好友蔡叔厚照顾。蔡维护到1946年。1942—1945这三年周家母子的生活是无人照顾,极其艰苦,但周淑贞划清了界限,拒绝了参加敌伪的人的接济,这一点上,是对得住文彬的。在文彬的江湾墓被挖,烈士也蒙嫌受难时,她上前高呼为文彬平反。周淑贞母女们去参加文彬逝世四十周年纪念会,是其长女袁爱莲告诉我的。现在文彬另一子跟母亲姓,可能组织是掌握情况的。袁爱莲带回来的方强烈士传中的唯一缺点就是不如你们这次下的定论,是1925年入团,1926年在武汉转党的。这点使文彬能瞑目于地下,使其家属高兴安慰。再谈党籍党龄问题几经曲折也正是怪事,怪事是"四人帮"浩劫造成的。

我没有什么可补充的,在我的脑海里印象最深的,是妇女协会与血花剧团合作演出。我平生只上台演过一次独幕剧,是文彬同志等于导演,在排练与演出时均悉心帮助的。我与茅盾、郭老文坛老将们认识,都是北伐时在武汉时,亦即我与文彬在戏剧界有密切工作关系的历史渊源。

文彬同志不仅文质彬彬,的确是文武全才,可惜牺牲得太早。可告慰于战友们的是其长子袁振东夫妇均系党员。外孙与孙子亦有了党员,后继有人,红旗代代传,文彬同志可以九泉含笑矣。

恕我草率和耿直。

此致

敬礼

黄定慧(慕兰)

1982.8.3

……解放后,迁墓我参与的。为淑贞恢复光荣人家,我为之向民政局打过报告。现在就是写传略,而传略中最重要的是何年入团入党的问题。再一次谢谢同志们为文彬澄清,恢复了他的光荣面貌。当年周总理、郭老、陈毅等同志均极赞赏他的才华的啊!乞恕扶病草率,又及。

附录三

陪护周恩来父亲和邓颖超母亲由贵阳到重庆的历程

我们从贵阳到重庆本来是等桂林办事处的车子走的，但是当时贵阳办事处的袁超俊同志对我们说"你们明天走吧，这是邓大姐电话嘱咐的，她对文彬同志护送很放心，于是我们就乘公路汽车去重庆。

我记得汽车两天行程，住一晚旅馆。文彬和周爷爷住一房，我抱华龙和邓妈妈住一房，邓妈妈做了"二十个豆瓣饼子，对我说，恩来最喜欢吃这种饼子，她爱说话，总是恩来——"，这种黄豆炒熟磨成粉做的饼子他是最爱吃的，在她话中对女婿的爱超过了对女儿的爱。

文彬对周家向来很照顾，这次送二老去重庆也很细心，晚上还买了好酒给周爷爷喝，我和邓妈妈都不喝酒，他对我说"绍兴人是离不开酒的，但不给他多喝"。

两天时间，没有遇到飞机轰炸，也没遇到宪兵搜查，顺利地到达重庆。

袁淑随笔

2010年6月9日

这是1940年三月或四月的事。

主要参考文献

1. 郭沫若著:《郭沫若选集》第一卷《北伐途次》、《洪波曲》,成都:四川人民出版社 1978 年版。

2. 郭沫若著:《沫若文集》(五),北京:人民文学出版社 1957 年版。

3. 李一氓著:《模糊的荧屏——李一氓回忆录》,北京:人民出版社 1992 年版。

4. 阳翰笙著:《阳翰笙百年纪念文集》第二卷《回忆录》,北京:中国戏剧出版社、中国电影出版社 2002 年版。

5. 黄定慧(慕兰)著:《黄慕兰自传》,北京:中国大百科全书出版社 2004 年版。

6. 张云著:《潘汉年传奇》,上海:上海人民出版社 1996 年版。

7. 龚济民、方仁念著:《郭沫若传》,北京:北京十月文艺出版社 1988 年版。

8. 桑逢康著:《郭沫若评传》,北京:中国社会出版社 2008 年版。

9. 茅盾著:《茅盾自传》,南京:江苏文艺出版社 1996 年版。

10. 夏衍著:《懒寻旧梦录》,北京:三联书店 1985 年版。

11. 柳亚子著:《柳亚子诗词选》,北京:人民文学出版社 1959 年版。

12. 上海烈士陵园史料陈列室编:《上海烈士小传》,上海:上海人民出版社 1983 年版。

13. 陈影著:《回忆战地服务团》,上海:上海人民出版社 1985 年版。

14.《上海文史资料选辑青浦卷（上、下）》，上海市政协文史资料编辑部 2005 年版。

15. 陆定中著：《酹酒终期泖水湄——纪念袁文彬烈士牺牲 50 周年》，上海市政协文史资料编辑部 2005 年版。

16. 刘则先、刘小清编著：《苏北抗日根据地文化散记》，南京：江苏人民出版社 1993 年版。

17. 史慕松、吴锦炎、吴永春著：《走进练塘》，上海：上海锦绣文章出版社 2008 年版。

18. 吴介民主编：《延安马列学院回忆录》，北京：中国社会科学出版社 1991 年版。

19. 陈予欢著：《雄关漫道——黄埔军校第四期生研究》，广州：中山大学出版社 2009 年版。

20.《新四军战史》编辑室著：《新四军英烈志》，北京：解放军出版社 2000 年版。

21. 陆立之著：《"特科"的蔡老板》，《纵横》2004 年第 4 期。

22. 唐勋、计惜英著：《郭老和战地服务团》，《新文学史料》1980 年第 1 期。

23. 周韬、李彩素著：《论中国共产党与抗战时期国民政府政治部第三厅》，《湖南科技大学学报（社会科学版）》2010 年第 2 期。

24.《救亡日报》，1937 年第一期至第八十五期。

25. 陆友著：《难忘的一瞥·戴红帽子的一群——忆上海市文化界战地服务团诸烈士点滴》（内部赠阅）。

26. 江秉钧等编著：《烈士方强——袁文彬》（内部赠阅）。

27. 亭湖区伍佑镇党委编：《古战场——伍佑人民群众英雄事迹》，1995 年编印。

28. 屠听泉著：《同济大学与五卅运动——纪念五卅运动八十周年》（《同济报》电子版）。

29.《同济大学校史·学生运动》（同济大学档案馆网）。

后　　记

为方强烈士作传，要追溯到2001年秋。

那时我刚调入方强镇，适逢新四军苏北盐阜区盐东县抗日民主政府第一任县长方强在盐阜地区英勇就义六十周年、诞辰一百周年。我接待了前来参加纪念活动的方强烈士的子女。我在烈士曾经战斗和生活过的地方负责宣传工作，觉得应该为烈士写点什么。那时我虽在报刊上发表了一些关于方强烈士的文章，但还不能完整详细地反映方强烈士光彩照人、轰轰烈烈而又鲜为人知、充满传奇的一生。

方强是他的化名，他的真实名字叫袁文彬。这位早年牺牲的大革命时期入党的优秀党员，毕业于黄埔军校第四期政治科，和新四军政治部主任袁国平同班，与林彪、张灵甫同期。他是郭沫若、李一氓、阳翰笙、柳亚子、黄定慧的挚友。这位曾让周恩来心痛的才子与斗士，一度被湮没在历史的长河中。

袁文彬，字志远，曾化名袁持中、方强、赵群行，1901年出生，上海青浦人。1925年加入中国共产主义青年团，1926年经董必武、吴玉章批准，邓颖超同志介绍由中国共产主义青年团员转为中国共产党党员。在黄埔军校第四期政治科时，与周恩寿、袁国平、李运昌、李逸民、文强、白鑫等同班，和林彪、张灵甫、胡琏、谢晋元同期，并与林彪同在入伍生部受训。

袁文彬从黄埔军校第四期提前毕业后，被分配在广东国民政府政治训练部（北伐时改组为国民革命军总司令部政治部）工作。不久任北伐军总司令部政治部宣传科副科长（科长郭沫若）兼政治部文工团团长（副团长李之龙），随军参加了北伐革命战争。他和中国国民党武汉特别市党部妇女部的赵畹华，曾往南昌迎接国民革命军总司令蒋介石，到武昌参加武汉三镇光复庆祝大会。

在武昌，袁文彬结识了中国国民党武汉特别市党部妇女部秘书（后任妇女部部长）黄定慧（黄慕兰），她是《汉口民国日报》妇女副刊编辑。袁文彬曾指导黄定慧登台演戏，并与之结下了深厚的情谊。

大革命失败后，袁文彬潜伏上海商务印书馆编译所，以德文翻译为掩护，与潘汉年、夏衍等一起从事地下工作。抗战时期任第三战区左翼第十五集团军司令部战地文化服务团团长、武汉卫戍区警备司令部政治工作大队副大队长，从事战地宣传工作。先后在国民政府军事委员会政治部第三厅五处（文字宣传处）、延安马列学院编译室（现中共中央编译局）、重庆八路军办事处、皖南新四军政治部工作。他曾把周恩来的父亲和邓颖超的母亲从贵阳秘密接送到重庆。

1940 年 11 月，袁文彬化名方强，跟随陈毅从苏南来到苏北盐阜地区开辟抗日根据地，先后担任新四军盐城县二区民运队队长、盐东行政公署主任、盐东县抗日民主政府第一任县长，一年多后在盐阜地区英勇牺牲。

方强牺牲 40 年后，盐阜地区的人民才知道他就是郭沫若抗战回忆录《洪波曲》中追忆的“战地服务团团长袁文彬”。烈士牺牲 14 年后，遗骸才在兴建中的盐城伍佑中学内被发现。

“文化大革命”开始后，受潘汉年冤案牵连，烈士又被污蔑为“叛徒”。直到 20 世纪 80 年代初才得到平反昭雪，恢复名誉。人们对他尤其是对他的鲜为人知的光辉历史知之甚少。加之方强烈士牺牲较早，生前没有留下回忆录、自传之类的文字。有关他的史料没有完整详细的文字记载，盐阜地区烈士纪念馆、史料馆及青浦区历史纪念馆也很少有关于他的完整的资料，所以对他宣传得不多。

我觉得这对在我们盐阜地区牺牲的客籍烈士是不公平的。烈士人物需要还原,英雄气节需要传承。为方强烈士写传,最大的困难就是资料太少。而且方强烈士生前战友大多已作古或年事已高,很多史料无法调查核实。我开始走访当地幸存的历史老人,记录下他们珍贵的回忆。像海绵吸水一样,到处搜集曾与方强交往过的郭沫若、茅盾、李一氓、阳翰笙、黄定慧、潘汉年、夏衍、柳亚子等名人回忆录、自传、传记、诗词、书信及相关纪念文章,查阅了1937年上海出版的《救亡日报》、《同济大学校史·学生运动》、《八一三淞沪抗战》、《屯溪党史》、《方强风范——方强镇革命斗争史》及《伍佑志》等相关史料。

我终于第一次把方强烈士的大事年表基本搞清楚了,当然有的大事是粗线条的,甚至是断线的,确实无从查考。特别是大革命失败后,方强潜伏上海商务印书馆的那段历史,因为是隐蔽战线,又是单线联系,许多重大历史事实没有记载。我又到烈士出生地——上海市青浦区练塘镇,重访市河之畔烈士曾经生活、读书的旧迹,获得了不少感性材料。为了增强可读性,在尊重历史、尊重历史人物的基础上,适当采用了文学的手法描写人物。

新中国成立六十周年前夕,《盐城晚报》、盐城电视台等媒体又来方强镇采访报道以烈士命名的乡镇的巨大变化,再次激发我拿起了笔。在写作过程中,我得到了上海市图书馆、同济大学校史馆、湖北省档案馆、上海市陈云故居暨青浦历史纪念馆曹自求,方强烈士生前战友何锡麟,黄定慧(黄慕兰)及其女儿陈大中,烈士子女袁振东、袁振兴、袁贞萍及袁爱莲的儿子朱力中,烈士爱侣程宇(程敦淑)及其儿子程华龙(袁抗生)、崔可宏,苏瘦鹤的儿子苏颐,烈士当年的房东柏枫林先生的大力支持。

其中,特别是六十多岁的崔可宏先生很热心,他听说笔者为方强烈士写传,不但把有关上海战地服务团老战士撰写的回忆录扫